NOUVEAUX CLASSIQUES LAROUSSE

Collection fondée en 1933 par
FÉLIX GUIRAND

continuée par
LÉON LEJEALLE (1949 à 1968)   et   JEAN-POL CAPUT (1969 à 1972)
Agrégés des Lettres

50M1

W9-BES-245

DOM JUAN

OU

LE FESTIN DE PIERRE

comédie

*Alain Toumaga
Box 160   Apt. 323
Helen Hadley Hall
420 Temple Street
New Haven, Connecticut
06511
432-3591*

Librairie Larousse (Canada) limitée, propriétaire pour le Canada des droits d'auteur et des marques de commerce Larousse. — Distributeur exclusif au Canada : les Éditions Françaises Inc., licencié quant aux droits d'auteur et usager inscrit des marques pour le Canada.

Phot. Larousse

DOM JUAN

Œuvres de Molière. Bibliothèque de l'Arsenal.

MOLIÈRE

DOM JUAN
OU
LE FESTIN DE PIERRE

comédie

avec une Notice biographique, une Notice historique et littéraire,
des Notes explicatives, une Documentation thématique,
des Jugements, un Questionnaire et des Sujets de devoirs,
par

LÉON LEJEALLE
Agrégé des Lettres

LIBRAIRIE LAROUSSE
17, rue du Montparnasse, et boulevard Raspail, 114
Succursale : 58, rue des Écoles (Sorbonne)

RÉSUMÉ CHRONOLOGIQUE
DE LA VIE DE MOLIÈRE
1622-1673

1622 (15 janvier) — Baptême à **Paris**, à l'église Saint-Eustache, de Jean-Baptiste Poquelin, fils aîné du marchand tapissier Jean Poquelin et de Marie Cressé.

1632 (mai) — Mort de Marie Cressé.

1637 — Jean Poquelin assure à son fils Jean-Baptiste la survivance de sa charge de tapissier ordinaire du roi. (Cet office, transmissible par héritage ou par vente, assurait à son possesseur le privilège de fournir et d'entretenir une partie du mobilier royal; Jean Poquelin n'était évidemment pas le seul à posséder une telle charge.)

1639 (?) — Jean-Baptiste termine ses études secondaires au collège de Clermont (aujourd'hui lycée Louis-le-Grand), tenu par les Jésuites.

1642 — Il fait ses études de droit à Orléans et obtient sa licence. C'est peut-être à cette époque qu'il subit l'influence du philosophe épicurien Gassendi et lie connaissance avec les « libertins » Chapelle, Cyrano de Bergerac, d'Assoucy.

1643 (16 juin) — S'étant lié avec une comédienne, **Madeleine Béjart,** née en 1618, il constitue avec elle une troupe qui prend le nom d'**Illustre-Théâtre**; la troupe est dirigée par Madeleine Béjart.

1644 — Jean-Baptiste Poquelin prend le surnom de **Molière** et devient directeur de l'Illustre-Théâtre, qui, après des représentations en province, s'installe à Paris et joue dans des salles de jeu de paume désaffectées.

1645 — L'Illustre-Théâtre connaît des difficultés financières; Molière est emprisonné au Châtelet pour dettes pendant quelques jours.

1645 — Molière part pour **la province** avec sa troupe. Cette longue période
1658 de treize années est assez mal connue : on a pu repérer son passage à certaines dates dans telle ou telle région, mais on ne possède guère de renseignements sur le répertoire de son théâtre; il est vraisemblable qu'outre des tragédies d'auteurs contemporains (notamment Corneille) Molière donnait de courtes farces de sa composition, dont certaines n'étaient qu'un canevas sur lequel les acteurs improvisaient, à l'italienne.
1645-1653 — La troupe est protégée par le duc d'Épernon, gouverneur de Guyenne. Molière, qui a laissé d'abord la direction au comédien Dufresne, imposé par le duc, reprend lui-même (1650) la tête de la troupe : il joue dans les villes du Sud-Ouest (Albi, Carcassonne, Toulouse, Agen, Pézenas), mais aussi à Lyon (1650 et 1652).
1653-1657 — La troupe passe sous la protection du prince de Conti, gouverneur du Languedoc. Molière reste dans les mêmes régions : il joue le personnage de Mascarille dans deux comédies de lui (les premières dont nous ayons le texte) : *l'Étourdi,* donné à Lyon en 1655, *le Dépit amoureux,* à Béziers en 1656.
1657-1658 — Molière est maintenant protégé par le gouverneur de Normandie; il rencontre Corneille à Rouen; il joue aussi à Lyon et à Grenoble.

1658 — Retour à Paris de Molière et de sa troupe, qui devient « troupe de Monsieur »; le succès d'une représentation (*Nicomède* et une farce) donnée devant le roi (24 octobre) lui fait obtenir la **salle du Petit-Bourbon** (près du Louvre), où il joue en alternance avec les comédiens-italiens.

1659 (18 novembre) — Première représentation des *Précieuses ridicules* (après *Cinna*) : grand succès.

1660 — *Sganarelle.* Molière crée, à la manière des Italiens, le personnage de **Sganarelle,** qui reparaîtra, **toujours interprété par lui,** dans plusieurs comédies qui suivront. — Il reprend, son frère étant mort, la survivance de la charge paternelle (tapissier du roi) qu'il lui avait cédée en 1654.

© Librairie Larousse, 1971.   ISBN 2-03-034659-4

1661 — Molière, qui a dû abandonner le théâtre du Petit-Bourbon (démoli pour permettre la construction de la colonnade du Louvre), s'installe au **Palais-Royal**. *Dom Garcie de Navarre*, comédie héroïque : échec. *L'École des maris* (24 juin) : succès. *Les Fâcheux* (novembre), première comédie-ballet, jouée devant le roi, chez Fouquet, au château de Vaux-le-Vicomte.

1662 — **Mariage** de Molière avec **Armande Béjart** (sœur ou fille de Madeleine), de vingt ans plus jeune que lui. *L'École des femmes* (26 décembre) : grand succès.

1663 — Querelle à propos de *l'École des femmes*. Molière répond par *la Critique de l'« École des femmes »* (1er juin) et par *l'Impromptu de Versailles* (14 octobre).

1664 — Naissance et mort du premier enfant de Molière : Louis XIV en est le parrain. *Le Mariage forcé* (janvier), comédie-ballet. Du 8 au 13 mai, fêtes de l'« Ile enchantée » à Versailles : Molière, qui anime les divertissements, donne *la Princesse d'Élide* (8 mai) et les trois premiers actes du *Tartuffe* (12 mai) : **interdiction** de donner à Paris cette dernière pièce. Molière joue *la Thébaïde*, de Racine.

1665 — *Dom Juan* (15 février) : malgré le succès, Molière, toujours critiqué par les dévots, retire sa pièce après quinze représentations. Louis XIV donne à la troupe de Molière le titre de « troupe du Roi » avec une pension de 6 000 livres (somme assez faible, puisqu'une bonne représentation au Palais-Royal rapporte, d'après le registre de La Grange, couramment 1 500 livres et que la première du *Tartuffe*, en 1669, rapportera 2 860 livres). *L'Amour médecin* (15 septembre). Brouille avec Racine, qui retire à Molière son *Alexandre* pour le donner à l'Hôtel de Bourgogne.

1666 — Molière, malade, cesse de jouer pendant plus de deux mois ; il loue une maison à Auteuil. *Le Misanthrope* (4 juin). *Le Médecin malgré lui* (6 août), dernière pièce où apparaît Sganarelle. En décembre, fêtes du « Ballet des Muses » à Saint-Germain : *Mélicerte* (2 décembre).

1667 — Suite des fêtes de Saint-Germain : Molière y donne encore *la Pastorale comique* (5 janvier) et *le Sicilien ou l'Amour peintre* (14 février). **Nouvelle version du** *Tartuffe*, sous le titre de *l'Imposteur* (5 août) : la pièce est **interdite** le lendemain.

1668 — *Amphitryon* (13 janvier). *George Dandin* (18 juillet). *L'Avare* (9 septembre).

1669 — Troisième version du *Tartuffe* (5 février), enfin **autorisé** : immense succès. Mort du père de Molière (25 février). A Chambord, *Monsieur de Pourceaugnac* (6 octobre).

1670 — *Les Amants magnifiques*, comédie-ballet (30 janvier à Saint-Germain). *Le Bourgeois gentilhomme*, comédie-ballet (14 octobre à Chambord).

1671 — *Psyché*, tragédie-ballet avec Quinault, Corneille et Lully (17 janvier), aux Tuileries, puis au Palais-Royal, aménagé pour ce nouveau spectacle. *Les Fourberies de Scapin* (24 mai). *La Comtesse d'Escarbagnas* (2 décembre à Saint-Germain).

1672 — Mort de Madeleine Béjart (17 février). *Les Femmes savantes* (11 mars). Brouille avec Lully, qui a obtenu du roi le privilège de tous les spectacles avec musique et ballets.

1673 — *Le Malade imaginaire* (10 février). A la quatrième représentation (17 février), Molière, pris en scène d'un malaise, est transporté chez lui, rue de Richelieu, et **meurt** presque aussitôt. N'ayant pas renié sa vie de comédien devant un prêtre, il n'avait, selon la tradition, pas le droit d'être enseveli en terre chrétienne : après intervention du roi auprès de l'archevêque, on l'enterre sans grande cérémonie à 9 heures du soir au cimetière Saint-Joseph.

Molière avait seize ans de moins que Corneille, neuf ans de moins que La Rochefoucauld, un an de moins que La Fontaine.

*Il avait un an de plus que Pascal, quatre ans de plus que M*me *de Sévigné, cinq ans de plus que Bossuet, quatorze ans de plus que Boileau, dix-sept ans de plus que Racine.*

MOLIÈRE ET SON TEMPS

	vie et œuvre de Molière	le mouvement intellectuel et artistique	les événements politiques
1622	Baptême à Paris de J.-B. Poquelin (15 janvier).	Succès dramatiques d'Alarcon, de Tirso de Molina en Espagne.	Paix de Montpellier, mettant fin à la guerre de religion en Béarn.
1639	Quitte le collège de Clermont, où il a fait ses études.	Maynard : Odes. Tragi-comédies de Boisrobert et de Scudéry. Naissance de Racine.	La guerre contre l'Espagne et les Impériaux, commencée en 1635, se poursuit.
1642	Obtient sa licence en droit.	Corneille : la Mort de Pompée (décembre). Du Ryer : Esther.	Prise de Perpignan. Mort de Richelieu (4 décembre).
1643	Constitue la troupe de l'Illustre-Théâtre avec Madeleine Béjart.	Corneille : le Menteur. Ouverture des petites écoles de Port-Royal-des-Champs. Arrivée à Paris de Lully.	Mort de Louis XIII (14 mai). Victoire de Rocroi (19 mai). Défaite française en Aragon.
1645	Faillite de l'Illustre-Théâtre.	Rotrou : Saint Genest. Corneille : Théodore, vierge et martyre.	Victoire française de Nördlingen sur les Impériaux (3 août).
1646	Reprend place avec Madeleine Béjart dans une troupe protégée par le duc d'Épernon. Va en province.	Cyrano de Bergerac : le Pédant joué. Saint-Amant : Poésies.	Prise de Dunkerque.
1650	Prend la direction de la troupe, qui sera protégée à partir de 1653 par le prince de Conti.	Saint-Évremond : la comédie des Académistes. Mort de Descartes.	Troubles de la Fronde : victoire provisoire de Mazarin sur Condé et les princes.
1655	Représentation à Lyon de l'Étourdi.	Pascal se retire à Port-Royal-des-Champs (janvier). Racine entre à l'école des Granges de Port-Royal.	Négociations avec Cromwell pour obtenir l'alliance anglaise contre l'Espagne.
1658	Arrive à Paris avec sa troupe, qui devient la « troupe de Monsieur » et occupe la salle du Petit-Bourbon.	Dorimond : le Festin de pierre.	Victoire des Dunes sur les Espagnols. Mort d'Olivier Cromwell.
1659	Représentation triomphale des Précieuses ridicules.	Villiers : le Festin de pierre. Retour de Corneille au théâtre avec Œdipe.	Paix des Pyrénées : l'Espagne cède l'Artois et le Roussillon à la France.
1660	Sganarelle ou le Cocu imaginaire.	Quinault : Stratonice (tragédie). Bossuet prêche le carême aux Minimes.	Mariage de Louis XIV et de Marie-Thérèse. Restauration des Stuarts.
1661	S'installe au Palais-Royal. Dom Garcie de Navarre. L'École des maris. Les Fâcheux.	La Fontaine : Élégie aux nymphes de Vaux.	Mort de Mazarin (8 mars). Arrestation de Fouquet (5 septembre).

	Molière	Les lettres et les arts	Les événements historiques
1662	Se marie avec Armande Béjart. L'École des femmes.	Corneille : Sertorius. La Rochefoucauld : Mémoires. Mort de Pascal (19 août). Fondation de la manufacture des Gobelins.	Michel Le Tellier, Colbert et Hugues de Lionne deviennent ministres de Louis XIV.
1663	Querelle de l'École des femmes. La Critique de « l'École des femmes ».	Corneille : Sophonisbe. Racine : ode Sur la convalescence du Roi.	Invasion de l'Autriche par les Turcs.
1664	Le Mariage forcé. Interdiction du premier Tartuffe.	Racine : la Thébaïde ou les Frères ennemis.	Condamnation de Fouquet, après un procès de quatre ans.
1665	Dom Juan. L'Amour médecin.	La Fontaine : Contes et Nouvelles. Mort du peintre N. Poussin.	Peste de Londres.
1666	Le Misanthrope. Le Médecin malgré lui.	Boileau : Satires (I à VI). Furetière : le Roman bourgeois. Fondation de l'Académie des sciences.	Alliance franco-hollandaise contre l'Angleterre. Mort d'Anne d'Autriche. Incendie de Londres.
1667	Mélicerte. La Pastorale comique. Le Sicilien. Interdiction de la deuxième version du Tartuffe : l'Imposteur.	Corneille : Attila. Racine : Andromaque. Milton : le Paradis perdu. Naissance de Swift.	Conquête de la Flandre par les troupes françaises (guerre de Dévolution).
1668	Amphitryon. George Dandin. L'Avare.	La Fontaine : Fables (livres I à VI). Racine : les Plaideurs. Mort du peintre Nicolas Mignard.	Fin de la guerre de Dévolution : traités de Saint-Germain et d'Aix-la-Chapelle. Annexion de la Flandre.
1669	Représentation du Tartuffe. Monsieur de Pourceaugnac.	Racine : Britannicus. Th. Corneille : la Mort d'Annibal. Bossuet : Oraison funèbre d'Henriette de France.	
1670	Les Amants magnifiques. Le Bourgeois gentilhomme.	Racine : Bérénice. Corneille : Tite et Bérénice. Édition des Pensées de Pascal. Mariotte découvre la loi des gaz.	Mort de Madame. Les états de Hollande nomment Guillaume d'Orange capitaine général.
1671	Psyché. Les Fourberies de Scapin. La Comtesse d'Escarbagnas.	Débuts de la correspondance de Mme de Sévigné avec Mme de Grignan.	Louis XIV prépare la guerre contre la Hollande.
1672	Les Femmes savantes. Mort de Madeleine Béjart.	Racine : Bajazet. Th. Corneille : Ariane. P. Corneille : Pulchérie.	Déclaration de guerre à la Hollande. Passage du Rhin (juin).
1673	Le Malade imaginaire. Mort de Molière (17 février).	Racine : Mithridate. Séjour de Leibniz à Paris. Premier grand opéra de Lully : Cadmus et Hermione.	Conquête de la Hollande. Prise de Maestricht (29 juin).

BIBLIOGRAPHIE SOMMAIRE

OUVRAGES GÉNÉRAUX SUR MOLIÈRE

Gustave Michaut   *la Jeunesse de Molière* (Paris, Hachette, 1922). — *Les Débuts de Molière à Paris* (Paris, Hachette, 1923). — *Les Luttes de Molière* (Paris, Hachette, 1925).

Daniel Mornet   *Molière, l'homme et l'œuvre* (Paris, Boivin, 1943).

René Bray   *Molière, homme de théâtre* (Paris, Mercure de France, 1954).

Antoine Adam   *Histoire de la littérature française au XVII* siècle*, tome III (Paris, Domat, 1952).

Alfred Simon   *Molière par lui-même* (Paris, Ed. du Seuil, 1957).

SUR DOM JUAN

Tirso de Molina   *l'Abuseur de Séville*, trad. par P. Guenoun (Paris, Aubier, 1963).

Gendarme de Bévotte   *le Festin de pierre avant Molière* (Paris, Société nouvelle de librairie et d'édition, 1907). — *La Légende de Dom Juan* (Paris, Hachette, 1929).

Jacques Arnavon   *le Don Juan de Molière* (Paris, Messageries du livre, 1946-1948).

Jacques Guicharnaud   *Molière, une aventure théâtrale : Tartuffe, Dom Juan, le Misanthrope* (Paris, Gallimard, 1963).

SUR LA LANGUE DE MOLIÈRE

Jean-Pol Caput   *la Langue française, histoire d'une institution*, tome I (842-1715) [Paris, Larousse, collection L, 1972].

Jean Dubois, René Lagane et A. Lerond   *Dictionnaire du français classique* (Paris, Larousse, 1971).

Vaugelas   *Remarques sur la langue française* (Paris, Larousse, « Nouveaux Classiques », 1969).

DOM JUAN
OU
LE FESTIN DE PIERRE
1665

NOTICE

CE QUI SE PASSAIT EN 1665

■ *EN POLITIQUE* : *L'Angleterre déclare la guerre à la Hollande : sur les côtes de Suffolk, le duc d'York bat la flotte hollandaise (octobre). La peste ravage Londres. — En Espagne, Charles II succède à Philippe IV. Les Portugais remportent une victoire sur les Espagnols à Villa Viciosa. — Sur la côte d'Afrique, le duc de Beaufort met en fuite la flotte algérienne.*

■ *DANS LES BELLES-LETTRES* : *Molière donne le 15 septembre sa comédie de l'Amour médecin; le 4 décembre, il joue la tragédie de Racine Alexandre le Grand (mais, dès le 18 décembre, Racine confie sa pièce à l'Hôtel de Bourgogne). Quinault fait représenter la Mère coquette. — Boileau vient d'écrire (1664) son Discours au roi, sa Satire V, achève sa Satire III. Bossuet prêche le Carême à Saint-Thomas-du-Louvre, et l'Avent au Louvre. Fléchier commence ses Mémoires sur les Grands Jours d'Auvergne. La Fontaine publie le premier recueil de Contes signé de son nom, La Rochefoucauld ses Maximes, l'abbé Cotin le deuxième volume de ses Œuvres galantes. — Fondation du Journal des savants.*

■ *DANS LES SCIENCES ET DANS LES ARTS* : *Mort du mathématicien Fermat et du peintre Nicolas Poussin. — Claude Perrault commence la colonnade du Louvre.*

REPRÉSENTATIONS ET PUBLICATION DE "DOM JUAN"

Le Tartuffe ayant été interdit après la première représentation (1664), Molière n'avait aucune pièce nouvelle de sa composition à présenter. *Le Misanthrope* était loin d'être achevé; Molière dut improviser assez rapidement une comédie capable de ramener la foule à son théâtre. Or, depuis quelques années, Dom Juan semblait un héros à la mode. Plusieurs pièces, toutes intitulées *le Festin de pierre*, avaient eu du succès; la dernière en date avait été jouée par les comédiens italiens, qui partageaient avec la troupe de Molière le théâtre du Palais-Royal. Selon une tradition rapportée dans les *Mémoires* de La Serre, les camarades de Molière, désireux de concurrencer les Italiens, pressèrent leur chef de troupe d'écrire une pièce sur le même sujet.

Rapidement rédigé, le *Dom Juan* de Molière fut représenté pour la première fois le dimanche 15 février 1665 et fut vivement applaudi. Pourtant il est à peu près sûr que, dès la deuxième représentation, certaines répliques, ayant paru trop hardies, furent coupées par Molière. Quinze représentations se succédèrent jusqu'au 20 mars; malgré des recettes fort honorables, la pièce ne fut plus reprise après Pâques.

Sans qu'il y ait eu d'interdiction officielle, Molière fut sans doute discrètement prié de retirer sa comédie. Les dévots, se sentant provoqués de nouveau et plus particulièrement par le cinquième acte, qui visait directement les détracteurs du *Tartuffe*, avaient de nouveau gagné la partie. Un libelle d'avril 1665, signé du sieur de Rochemont[1], résume avec âpreté les griefs des dévots scandalisés. Et Louis XIV, qui, dit-on, n'avait pas désapprouvé la comédie, laissa triompher les adversaires de Molière. Celui-ci ne reprit jamais *Dom Juan* et s'abstint même de faire imprimer la pièce, bien qu'il ait obtenu, le 11 mars 1665, le privilège de la publier. De toutes ses grandes œuvres, c'est donc la seule qu'il n'ait pas éditée de son vivant[2].

Dom Juan fut imprimé pour la première fois en 1682 par les soins de La Grange et de Vinot, au tome VII des *Œuvres complètes* de Molière. Le texte est sans doute celui qu'aurait donné Molière lui-même, c'est-à-dire le texte joué par la troupe quand certaines coupures eurent été faites après la première représentation. Cette édition de 1682, du moins sous sa forme primitive, est extrêmement rare (on n'en connaît que trois exemplaires) : en effet, la censure exigea des suppressions, principalement dans les deux premières scènes du troisième acte, et on dut réimprimer vingt et un feuillets pour satisfaire aux ordres de la police[3]. L'année suivante (1683) paraissait à Amsterdam une édition pleine de fautes, mais qui contient les passages supprimés, même dans l'édition originale de 1682. L'édition d'Amsterdam, établie d'après une copie différente de celle de La Grange, permet donc de reconstituer le texte de *Dom Juan*, tel qu'il fut donné à la toute première représentation. C'est ce texte qu'adopte la présente édition, en intégrant à la version primitive de 1682 les passages propres à l'édition de 1683.

La Comédie-Française n'accueillit cependant pas *Dom Juan* : c'est que la veuve de Molière avait commandé à Thomas Corneille une adaptation en vers de la pièce de son mari. Ce nouveau *Festin de pierre*, expurgé et d'une forme « régulière », fut donné en 1677 et resta cent soixante-dix ans au répertoire : on le joua 564 fois. Il fallut attendre le 15 janvier 1847 pour que la Comédie-Française reprît le *Dom Juan* de Molière; c'en était donc la seizième représentation. Il y en a eu 136 en tout dans ce théâtre jusqu'en 1953; après une interruption de quatorze ans, la pièce a été reprise en 1967. *Dom Juan* est donc une des comédies de Molière qui ont été le moins jouées à la Comédie-Française. Le public du XXᵉ siècle sait pourtant l'apprécier, comme l'ont

---

1. Voir les Jugements; 2. Exception faite, bien entendu, du *Malade imaginaire*, que la mort empêcha Molière d'éditer; 3. Cette édition est dite *cartonnée*. On appelle *cartons* les feuilles d'imprimerie corrigées qui remplacent les feuilles primitives.

démontré les représentations données par Louis Jouvet (1948) au théâtre de l'Athénée, et par Jean Vilar (1952) au Théâtre national populaire.

ANALYSE DE LA PIÈCE

(Les scènes principales sont indiquées entre parenthèses.)

■ *ACTE PREMIER.* **Dom Juan et Done Elvire.**

Gusman, écuyer de Done Elvire, s'entretient avec Sganarelle, valet de Dom Juan; il s'étonne que Dom Juan ait abandonné Done Elvire, qu'il avait épousée après l'avoir enlevée de son couvent. Sganarelle, désinvolte, enlève à Gusman ses illusions; il lui fait le portrait de son maître, libre penseur, « grand seigneur méchant homme » et « épouseur à toutes mains ». Survient Dom Juan : il confie à Sganarelle qu'il est vraiment las de Done Elvire et lui dévoile le secret de son propre caractère; il ne saurait s'attacher à aucune femme, mais, comme les grands conquérants, il rêve de victoires sans cesse renouvelées. Pour l'instant, il songe à une nouvelle entreprise amoureuse : il s'agit d'enlever une belle, au cours d'une promenade en mer que lui offre son fiancé **(scène II)**. Mais Done Elvire apparaît : douloureuse et indignée, elle reproche à Dom Juan sa trahison; celui-ci lui répond avec le cynisme le plus odieux, sur un ton narquois. Elvire le quitte en le menaçant de sa vengeance **(scène III)**.

■ *ACTE II.* **Dom Juan et les paysans.**

Pierrot et Charlotte, sa fiancée, s'entretiennent en patois au bord de la mer : Pierrot raconte comment il a sauvé du naufrage un grand seigneur magnifiquement vêtu qui, à peine sec, a fait les yeux doux à une jeune paysanne, Mathurine; puis il reproche à Charlotte d'être une amoureuse trop indifférente. A peine est-il sorti qu'arrive Dom Juan (c'était évidemment lui le naufragé); il commence la conquête de Charlotte, lui promet le mariage; la paysanne, malgré sa méfiance à l'égard d'un grand seigneur, se laisse gagner par l'ambition de devenir une noble dame **(scène II)**. Pierrot, de retour, se fâche, mais se fait rosser par Dom Juan; Sganarelle, qui veut s'interposer, reçoit quelques horions qui ne lui étaient pas destinés. Et voici Mathurine : les deux paysannes, aux côtés de Dom Juan, se jettent l'une à l'autre les promesses de mariage qu'il leur a faites; Dom Juan, penché tantôt vers l'une, tantôt vers l'autre, tente de persuader chacune d'elles qu'elle est la seule aimée, puis s'esquive, tandis que Sganarelle s'efforce de détromper les pauvres filles **(scène IV)**. Mais on apprend à Dom Juan que des hommes armés sont à sa recherche.

■ *ACTE III.* **Dom Juan et ses pairs.**

Pour échapper à leurs poursuivants, Dom Juan, en habit de campagne; et Sganarelle, en robe de médecin, marchent dans les bois, en devisant, Dom Juan démontre à Sganarelle que la médecine est un tissu d'absurdités.

mais, au nom de la même logique, il laisse entendre qu'il ne croit pas plus au Ciel qu'à la médecine; Sganarelle, scandalisé une fois de plus, tente de démontrer l'existence de Dieu avec des arguments empruntés à la théologie traditionnelle, mais le raisonneur, emporté par sa conviction, se casse le nez **(scène I)**. Un pauvre indique aux deux hommes leur chemin : Dom Juan lui offre un louis s'il accepte de blasphémer; comme l'autre refuse obstinément, Dom Juan lui donne la pièce d'or « pour l'amour de l'humanité » **(scène II)**. Mais on entend un cliquetis d'épées : Dom Juan secourt et sauve un gentilhomme attaqué par trois voleurs. C'est l'un des frères d'Elvire, Dom Carlos; il s'est égaré dans la forêt et a perdu de vue la troupe commandée par son frère Dom Alonse. Le jeune Dom Carlos n'a jamais vu Dom Juan; et celui-ci, feignant d'approuver le code d'honneur qui fait un devoir à Dom Carlos de poursuivre le séducteur d'Elvire, se garde bien de révéler son identité. Ce n'est pas par peur, car, quand apparaît Dom Alonse, qui, lui, connaît bien l'ennemi de leur famille, Dom Juan tire l'épée; mais Dom Carlos persuade son frère de remettre à plus tard la vengeance contre un homme qui vient si généreusement de lui sauver la vie; Dom Juan promet en revanche à Dom Carlos d'être à ses ordres quand il voudra. Demeurés seuls, Dom Juan et Sganarelle aperçoivent entre les arbres le tombeau d'un Commandeur tué récemment par Dom Juan. Celui-ci, par bravade, invite le mort à dîner; d'un signe de tête, la statue du Commandeur accepte **(scène V)**.

■ *ACTE IV.* **Le dîner de Dom Juan.**

Le soir du même jour, Dom Juan, chez lui, attend son dîner, quand survient M. Dimanche, son créancier : Dom Juan accable le brave bourgeois de tant de compliments que celui-ci ne peut trouver un instant pour réclamer son dû, et il est expédié dehors avant d'avoir pu se ressaisir **(scène III)**. Deuxième visite : Dom Louis, père de Dom Juan, reproche à son fils sa conduite, indigne d'un gentilhomme; Dom Juan ne lui répond qu'une froide impertinence **(scène IV)**. Troisième visite : Done Elvire, qui, touchée par la grâce, retourne à son couvent et demande à Dom Juan, au nom de leur tendresse passée, de renoncer au vice et de songer à son salut; Dom Juan se sent repris pour elle d'un certain goût et ne la laisse pas partir sans regret. Il se met enfin à table, tandis que Sganarelle amuse de ses lazzis le parterre. Dernière visite : la statue du Commandeur; Dom Juan, impassible, l'accueille, mais la statue se retire en invitant Dom Juan à dîner le lendemain avec elle.

■ *ACTE V.* **Dom Juan l'hypocrite.**

Dom Juan annonce à son père sa conversion; le vieillard, attendri, s'en réjouit. Sganarelle est tout heureux aussi, mais Dom Juan le détrompe vite et lui expose les multiples avantages de l'hypocrisie et de la fausse dévotion **(scène II)**. Dom Carlos vient demander satisfaction à Dom Juan, en le sommant de rester fidèle à Elvire, son épouse légitime; mais Dom Juan allègue sa conversion, déclare le mariage contraire à la sainte vie qu'il veut mener désormais, assure, en bon casuiste, qu'il ne veut point se battre en duel, tout en donnant à Dom Carlos un rendez-vous. L'apparition d'un spectre ne peut vaincre l'obstination de l'incrédule : alors surgit la statue du Commandeur, qui, à la lueur des éclairs, entraîne avec elle Dom Juan dans les abîmes de la terre. Et le pauvre Sganarelle, resté seul, réclame à grands cris ses gages.

LES SOURCES DE "DOM JUAN"

Le premier auteur qui ait mis en scène le personnage de Dom Juan, sans peut-être l'avoir inventé de toutes pièces, est l'Espagnol Tirso de Molina dans *El Burlador de Sevilla y combidado de piedra (le Trompeur de Séville et l'Invité de pierre)*, dont la plus ancienne édition date de 1630. Ce Dom Juan Tenorio commence par séduire à Naples la duchesse Isabelle en se faisant passer pour son fiancé; fuyant la ville après son forfait, il fait naufrage, réussit à gagner la côte, où il est recueilli dans la cabane de la belle Tisbée, qu'il séduit à son tour après lui avoir promis le mariage. Arrivé à Séville, Dom Juan reçoit du roi l'ordre d'épouser cette Isabelle, qu'il a compromise, mais il s'intéresse beaucoup plus à doña Ana, fille d'un Commandeur de Calatrava. Se substituant par un stratagème à l'amoureux de celle-ci, il pénètre dans la maison du Commandeur. Mais sa tromperie est découverte, le Commandeur accourt. Dom Juan le tue et prend le large. Dans un village où il s'arrête, on est en train de célébrer les noces paysannes de Batricio et d'Aminta : Dom Juan, après avoir éloigné le jeune marié et ébloui le père d'Aminta en lui promettant la richesse, séduit la jeune femme. A son retour à Séville, il voit dans une église la statue funéraire du Commandeur qu'il a tué; par dérision, il invite la statue à dîner. La statue se rend à l'invitation; à son tour, elle invite Dom Juan pour le lendemain. Intrépide, Dom Juan va dîner chez la statue, mais, au moment de prendre congé de son hôte, il est entraîné par lui en enfer, sans avoir eu le temps de pouvoir confesser ses péchés comme il le demandait. Et le valet de Dom Juan, Catalinon, qui a accompagné son maître dans toutes ses aventures, va raconter au roi le châtiment du séducteur. Telle est, allégée de maintes circonstances qui compliquent encore l'action, l'intrigue du drame espagnol, mouvementé comme un roman d'aventures; il porte aussi, comme tant d'œuvres dramatiques espagnoles de cette époque, une signification morale : Dom Juan, incapable de résister au démon de la chair, a toujours remis à plus tard l'heure du repentir; mais Dieu ne saurait attendre trop longtemps.

Tirso de Molina eut des imitateurs : d'Espagne Dom Juan passe en Italie. Tout en respectant les grandes lignes de l'action, les Italiens condensent la pièce espagnole et l'adaptent aux nécessités dramatiques de leur théâtre ainsi qu'au goût de leur public. Cicognini (1606-1660) garde une partie des imbroglios romanesques du modèle espagnol, mais il donne aussi plus de réalisme aux épisodes rustiques : Tisbée, la poétique bergère de Tirso de Molina, devient une Rosalba beaucoup moins idéalisée; et la paysanne Brunetta — l'Aminta espagnole — a pour père et pour fiancé les personnages grotesques traditionnels dans la *commedia dell'arte*. Le valet de Dom Juan, Passarino, accentue cet aspect caricatural de certains épisodes : il égaye de ses bouffonneries les scènes les plus tragiques, comme celle du festin. Quant à Dom Juan, il devient surtout brutal et cynique, inaccessible au remords; sa mort fantastique n'inspire plus la terreur religieuse que produisait le drame espagnol.

De ce *Convitato di pietra* de Cicognini, composé sans doute avant 1650, les comédiens italiens de Paris avaient tiré le canevas d'une pièce qu'ils jouèrent à partir de 1657 ou de 1658 sur la scène du Petit-Bourbon, puis sur celle du Palais-Royal. Mais le scénario joué à cette époque est mal connu, car les seuls documents qui concernent la pièce sont relatifs à un remaniement postérieur à 1665[1]. Ce qui est sûr cependant, c'est que les lazzis d'Arlequin accentuaient encore les jeux de farce dans certains épisodes.

Un autre dramaturge italien, Giliberto, avait écrit, à peu près à la même époque que Cicognini, un *Festin de pierre*; le texte en est aujourd'hui perdu, et on ne peut que conjecturer son contenu par deux œuvres françaises qui s'en sont inspirées et qui sont les premières à avoir introduit dans notre littérature le personnage de Dom Juan : ce sont les pièces de Dorimond et de Villiers. Le *Festin de pierre ou le Fils criminel* de Dorimond, joué à Lyon en 1658 par les comédiens de Mademoiselle, fut rejoué à Paris en 1661 par la même troupe; l'œuvre de Villiers, qui porte exactement le même titre, fut représentée à l'Hôtel de Bourgogne en 1659. Ces deux tragi-comédies, écrites en vers, gardent les traditions d'un genre qui est en déclin depuis 1640, mais qui conserve, malgré les critiques des « doctes », la faveur d'une partie du public. Conçue comme un drame « noir », la tragi-comédie fait appel au pathétique le plus violent : le Dom Juan de Dorimond et de Villiers viole les paysannes, enlève de force à un pèlerin son vêtement pour s'en déguiser, bat son père, et assassine son adversaire désarmé. La maladresse de la technique dramatique, la prolixité insoutenable du style accentuent encore le caractère rudimentaire de ces tragi-comédies. Elles comportent pourtant, malgré leur psychologie peu nuancée, un trait intéressant : surtout chez Villiers, Dom Juan professe volontiers la morale du plaisir et de la nature; s'il ne tournait au matamore, on trouverait une certaine grandeur à cette révolte contre les croyances établies : « Je suis mon roi, mon maître et mon sort et mes dieux », affirme-t-il (v. 342). Il est pourtant capable de remords, mais ses bonnes résolutions s'évanouissent devant la première femme qu'il rencontre. Comme le dit son valet Philipin, il a « le diable au corps » (v. 1636).

---

1. Si le *Dom Juan* de Molière n'eut qu'une courte carrière, les Italiens continuèrent à avoir du succès avec leur *Festin de pierre* et, en 1669, le théâtre du Marais à son tour afficha un *Nouveau Festin de pierre* de Rosimond.

Molière a-t-il connu les œuvres de tous ses prédécesseurs? On dit généralement qu'il n'a pas connu le drame espagnol. Il n'est pourtant pas impossible qu'il l'ait lu; n'a-t-il pas, un peu plus tard, en cette même année 1665, imité, dans deux scènes de *l'Amour médecin* (acte II, scènes III et IV), un passage de *la Venganza de Tamar*, qui est aussi une œuvre de Tirso de Molina? Il serait bien étrange qu'il n'ait pas eu la curiosité de lire aussi *le Trompeur de Séville*. Quoi qu'il en soit, rien dans son *Dom Juan* ne laisse transparaître une adaptation du modèle espagnol. En revanche, l'influence de Cicognini est visible: Sganarelle a hérité du rôle de Passarino, il en a même gardé quelques répliques. Aussi, Molière n'a pas voulu enlever à l'aventure de Dom Juan la bouffonnerie que les Italiens y avaient introduite. Mais il a fait également de larges emprunts à Dorimond et à Villiers, dont il avait pu voir représenter les œuvres, ou du moins lire les textes.

Les deux auteurs français ont fourni à Molière les éléments de l'action; la plupart des épisodes de Dom Juan ont leur origine dans Dorimond et Villiers: on y trouve non seulement la statue du Commandeur, personnage obligé et clou du spectacle, mais les paysannes, le père de dom Juan et, sous des noms différents, les cavaliers qui veulent venger l'honneur d'une femme outragée. Même la philosophie de Dom Juan a pu être suggérée à Molière par la tragi-comédie de Villiers; quant à son hypocrisie, elle n'est pas non plus tout à fait nouvelle, puisque le Dom Juan de Dorimond invoquait les principes de la charité chrétienne pour désarmer par ruse son adversaire Dom Philippe.

Jamais Molière n'a emprunté davantage à autrui: il ne cherche même pas à modifier les données d'une histoire dont le succès était déjà garanti par une sorte de tradition. Il a pourtant, comme il le fera si souvent, usé de la « contamination » de plusieurs modèles, mais cette fois sous une forme particulièrement difficile, puisqu'il s'agit de concilier l'esprit de la farce italienne, venu de Cicognini, avec le sombre drame issu de Dorimond et de Villiers. Comment Molière a-t-il équilibré ces éléments disparates, hérités de ses devanciers, pour créer une comédie nouvelle et bien supérieure à toutes les précédentes? Tel est le problème que pose *Dom Juan* à l'historien du théâtre.

L'ACTION DANS "DOM JUAN"

Pièce à épisodes, *Dom Juan* n'entre pas dans le moule traditionnel de la comédie, où l'intrigue, si souple soit-elle, aboutit au dénouement d'une situation donnée au point de départ. Ici, il y a une succession d'aventures qui se juxtaposent, si bien qu'on pourrait supprimer certains épisodes ou en imaginer d'autres sans que soit détruite la signification de l'ensemble. L'acte II (l'acte des paysans) ou la scène du pauvre disparaîtraient ou seraient déplacés que l'intrigue n'en serait pas pour cela bouleversée; de multiples personnages épisodiques donnent à l'action son mouvement, mais à la manière d'un roman d'aventures, où les caprices du hasard servent opportunément les intentions de l'auteur et permettent les ren-

contres dont il a besoin. Cette technique n'est pas nouvelle : c'est précisément celle de la tragi-comédie et, d'une manière générale, de ce théâtre
« irrégulier » que, depuis tant d'années, les « doctes » s'acharnent à
discipliner. En 1665, à une époque où la tragédie ne se conçoit plus hors
des règles, où la tragi-comédie ne se survit plus que dans les œuvres
médiocres, Molière semble vouloir, avec *Dom Juan*, maintenir sa liberté
à la comédie ou du moins se réserver le droit d'en adapter la forme au
sujet. Que l'on compare *Dom Juan* au *Misanthrope*, auquel il travaille au
même moment, à l'*Amour médecin*, créé peu après, et on a la certitude
que Molière conçoit la comédie comme un genre qui ne saurait se soumettre à des lois strictes.

Si Molière ne se sent pas lié par des règles formelles, du moins reste-t-il
fidèle à des lois plus générales de composition. Sans doute, l'unité de lieu,
que les théoriciens souhaitaient imposer à la comédie sans avoir pu la rendre aussi impérative que dans la tragédie, est ici sacrifiée : chaque acte a
son décor. Quant au temps de l'action, il s'étale sur deux jours, puisque
Elvire (acte IV, scène VI) affirme avoir changé de résolution depuis
le matin (premier acte) et que le cinquième acte se déroule le lendemain
(première réplique de Dom Juan à la scène première) : Molière, sans
chercher à enfermer en un seul jour une action si fertile en incidents,
l'a resserrée autant que possible. C'est aussi pour condenser l'action
qu'il a, contrairement à ses prédécesseurs, supposé le Commandeur
déjà mort au lever du rideau : il est seulement fait allusion (acte premier,
scène II) au meurtre commis par Dom Juan. L'aventure de Done Elvire
appartient elle aussi au passé : on ne voit au premier acte que le moment
où elle s'achève, mais dès ce moment les prédictions menaçantes de
l'épouse abandonnée annoncent le dénouement; la rencontre de Dom
Juan avec Dom Carlos et Dom Alonse (acte II) la réapparition de Done
Elvire au quatrième acte et de Dom Carlos au cinquième acte prolongent
cet épisode, qui forme, avec celui du Commandeur, le noyau autour
duquel se groupent les autres épisodes.

Aussi, malgré une grande liberté de composition, la structure de l'ensemble laisse-t-elle apercevoir une trame suffisamment solide. Le métier
de Molière se révèle à maints autres détails : il escamote entre le premier
et le deuxième acte l'enlèvement de la jeune fiancée en mer, mais c'est
pour donner un motif plausible au naufrage et à l'arrivée chez les
paysannes. Il ne manque pas non plus, à la fin du deuxième acte, de
préparer le suivant, en annonçant la venue imminente des cavaliers qui
poursuivent Dom Juan. L'acte II et l'acte IV, qui semblent n'être liés à
l'ensemble par aucune « nécessité », ont du moins leur logique interne :
l'acte des paysans se développe comme une comédie dans la comédie;
quant à l'acte IV, où défilent chez Dom Juan les visiteurs qui retardent
son repas, il est conçu comme une comédie des « fâcheux ». Sans doute,
ces deux journées de Dom Juan sont surchargées d'événements, et Molière,
se laissant conduire par ses modèles, ne saurait prétendre, en un tel
sujet, à une parfaite vraisemblance. Comparé aux autres comédies de
Molière, *Dom Juan* est donc d'une technique singulière; une suite de

tableaux d'une ingénieuse variété met successivement en présence de Dom Juan les personnages les plus divers. Mais, comparé aux œuvres de ses devanciers, le *Dom Juan* de Molière révèle le souci de donner de la cohésion et de la concentration à une formule qui reste très souple, sans jamais pourtant disperser l'intérêt.

On a prétendu que le dénouement perdait, dans la comédie de Molière, une part de sa signification. Chez Tirso de Molina, chez Dorimond et chez Villiers, Dom Juan commet tant de forfaits que son châtiment est la conséquence attendue de ses crimes ; l'accumulation des viols et des meurtres constitue, sous une forme un peu élémentaire, une progression dramatique qui appelle le dénouement. Chez Molière, l'effet est assez différent : la mort du Commandeur n'étant évoquée que rapidement, sans qu'on en précise les motifs et les circonstances, on oublie presque que Dom Juan est un meurtrier. Tout au long de la pièce, il cherche à faire le mal, mais il ne subit guère que des échecs : il fait naufrage en cherchant à enlever la jeune fiancée, il ne cause pas grand tort aux paysannes ; le pauvre lui tient tête. Et ce n'est que sur M. Dimanche que Dom Juan remporte une pleine victoire. S'il est cynique envers Dom Louis et Done Elvire — encore celle-ci reconnaît-elle sa part de responsabilités et lui pardonne-t-elle à la fin —, il se conduit en parfait gentilhomme avec son ennemi Dom Carlos. Pour odieux que soit Dom Juan, le châtiment terrifiant qui s'abat sur lui semble disproportionné aux crimes qu'on lui a vu commettre. Mais était-il possible à Molière de modifier un dénouement inséparable de la légende de son héros ? Faut-il dire qu'il s'est, une fois de plus, peu soucié de donner une conclusion logique à son intrigue ? Sans doute Molière accorde-t-il une importance accrue et un ton nouveau à l'hypocrisie de son héros. Ce vice, dont il découvre les plaisirs au cinquième acte, serait alors la cause décisive d'une punition que les autres fautes de Dom Juan n'auraient peut-être pas rendue inévitable. Une telle explication mettrait l'accent sur le caractère polémique de la pièce, puisque ce cinquième acte est manifestement une réponse aux adversaires du *Tartuffe*. Mais cette interprétation ne saurait justifier la marche de toute la pièce.

En fait, Molière paraît avoir tenu la gageure de ne rien sacrifier de l'héritage reçu de ses prédécesseurs : il ne sacrifie ni le tragique (Done Elvire, Dom Louis), ni le romanesque (Dom Carlos), ni le comique (M. Dimanche), ni le bouffon (Sganarelle), ni la farce (les paysans), ni le merveilleux (la statue du Commandeur). Ce mélange « baroque » doit cependant s'équilibrer : Molière atténue les violences, qui non seulement seraient contraires à la bienséance, mais feraient tourner *Dom Juan* au sombre drame ; les éléments qui font naître le rire restent dans la pièce assez nombreux pour qu'on puisse la baptiser « comédie ». Pourtant les changements de registre donnent à l'ensemble une résonance étrange et créent un univers dramatique auquel on a du mal à croire : le prodige qui met fin à la tumultueuse existence de Dom Juan prend donc plus aisément sa place dans ce monde bien vivant sans doute, mais qui semble fait surtout pour séduire l'imagination.

LES PERSONNAGES

Ce qui crée surtout l'unité du *Dom Juan*, c'est la présence constante du héros; les actions qu'il entreprend ont beau ne point aboutir, et tout le mouvement de cinq actes a beau modifier fort peu la situation initiale, le caractère de Dom Juan se révèle de scène en scène et prend un relief saisissant. Molière n'a pourtant inventé presque aucun des traits de son personnage, mais il leur a donné une complexité et une signification plus profondes.

Dom Juan reste, conformément à sa légende, un séducteur : mais cet amateur de femmes semble moins dominé par les tentations de la chair que par le besoin de soumettre les cœurs à sa volonté; s'il obtient le consentement de celle qu'il séduit, il pense avoir gagné, et il l'abandonne immédiatement pour une nouvelle conquête; cette inconstance lui permet de démontrer à ses victimes qu'elles comptent peu dans sa vie, mais aussi de se prouver à lui-même qu'il ne s'attache à personne. C'est peut-être un invincible instinct qui l'attire vers les femmes; mais, afin de ne pas s'avouer à lui-même la vulgarité d'un tel désir, Dom Juan en a fait un vice de l'esprit, un jeu de dilettante. Ainsi s'expliquent certaines contradictions du personnage : on s'étonne que Dom Juan promette toujours le mariage aux femmes et aille même jusqu'à les épouser; cette ruse traditionnelle semble indigne d'un homme qui tirerait plus de gloire d'être aimé pour lui-même, sans rien promettre en échange. Mais cette tactique permet à Dom Juan d'obtenir ce qu'il veut. En revanche, il s'accommode assez aisément de ses échecs (le projet d'enlèvement ruiné par le naufrage) ou de ses demi-réussites (avec les paysannes), pourvu qu'il puisse se donner l'illusion que les circonstances, mais non la volonté d'autrui, ont nui à son succès. Car il y a au fond de lui une inquiétude, celle de voir son pouvoir dominateur tenu en échec. Si ce raffiné n'hésite pas à baiser la main sale de Charlotte, c'est peut-être parce qu'une secrète envie l'y pousse; du moins peut-il se justifier à ses propres yeux en se disant qu'il a surmonté ses répugnances et ses préjugés pour assurer sa réussite. Cette peur de la défaite se révèle mieux encore dans la scène du pauvre : Dom Juan donne au malheureux son louis d'or, bien qu'il n'ait pas consenti à blasphémer; de cette façon, il se donne une fois de plus la certitude d'avoir été le plus fort. Ce sentiment de supériorité engendre chez lui le mépris de tous les êtres, même de ceux qu'il devrait le plus respecter. Molière a donc mis au centre de son personnage un vice fondamental : l'orgueil. C'est là que réside l'unité profonde de Dom Juan. A l'égard des femmes comme à l'égard du pauvre, en face de M. Dimanche, ou de Sganarelle, il veut dominer. Par orgueil, Dom Juan s'est placé au-dessus des lois morales auxquelles les autres se soumettent. Là est sans doute aussi la source de son attitude envers les forces surnaturelles et envers Dieu : devant le prodige de la statue qui s'anime, Dom Juan tient bon, bravant jusqu'à la mort la puissance divine, dont il semblait jusque-là nier l'existence.

Ce monstre d'orgueil, à qui Molière a laissé son nom espagnol et dont les aventures se déroulent en Italie comme dans les pièces de ses prédé-

ainsi pour Camus c'est l'humaniste par excellence.

cesseurs, est cependant habillé à la française (voir la description faite par Pierrot à la scène première de l'acte II). Ce « grand seigneur méchant homme » (acte premier, scène première), qui ne paie pas ses dettes à son marchand (acte IV, scène III), et qui écrase tout le monde de son arrogance, prend donc son actualité pour le spectateur de 1665. Ainsi s'explique son attitude à l'égard de Dom Carlos et Dom Alonse (acte III, scènes III et IV) : avec ses pairs, Dom Juan fait montre de la bravoure et de la générosité propres aux gentilshommes de son rang; s'il agissait autrement, il risquerait d'encourir le mépris des gens de sa caste. C'est peut-être aussi pour ne pas déchoir à ses propres yeux que Dom Juan tient à se définir lui-même (acte premier, scène II) comme un conqué-rant : la gloire qu'il tire de ses victoires amoureuses tient lieu du pres-tige qu'un noble devrait gagner par le métier des armes. Ce grand sei-gneur perverti se montre donc marqué par les préjugés de sa condition; mais comment peut-il se laisser gagner par l'hypocrisie? On a prétendu qu'il n'y avait nulle vraisemblance à cette métamorphose de Dom Juan. Sans doute, l'intention polémique de Molière, désireux de se venger de la cabale des dévots, a-t-elle conditionné cette transformation; mais l'unité du personnage ne s'en trouve pas pour autant menacée. En effet le cynisme de Dom Juan, tel qu'il se révèle dès le premier acte (scène III) avec Done Elvire, est déjà teinté d'hypocrisie; mais dès ce moment, et plus encore à l'acte V, l'hypocrite Dom Juan s'arrange pour que son masque laisse transparaître son vrai visage : en face de Dom Carlos (Acte V, scène III), il invoque le Ciel, mais de telle façon que son adver-saire ne soit pas dupe de ses grimaces; et pourtant que peut répondre Dom Carlos à celui qui se réclame de la loi divine pour refuser un duel? Il ne peut même pas l'accuser de lâcheté, puisque Dom Juan laisse entendre qu'il acceptera le combat si le hasard semble le lui imposer. Tartuffe est un imposteur qui est perdu, s'il est démasqué; grand seigneur, Dom Juan peut non seulement savourer le plaisir de duper les naïfs, mais encore se payer le luxe d'afficher son hypocrisie. Ainsi parvient-il à dominer même ceux de sa caste; l'hypocrisie est le dernier visage de son orgueil.

Sganarelle, presque toujours présent aux côtés de Dom Juan, ne joue pas le rôle du valet industrieux qui aide son maître à se tirer d'affaire; il n'est d'aucune utilité à Dom Juan sinon d'être son souffre-douleur. Il tient la place du bouffon près du grand seigneur. Molière a poussé certains traits du personnage jusqu'au grotesque. Sa couardise est assez traditionnelle, tout comme son désir, souvent réprimé, de faire des remon-trances à son maître; ces deux traits, lointain héritage du rôle de l'esclave dans la comédie antique, se retrouvaient déjà chez le Catalinon de Tirso de Molina. Mais si le bon sens de Sganarelle se scandalise des extrava-gances de Dom Juan, il s'exprime sur un ton qui lui est propre : Sgana-relle, sans doute au contact d'un maître aussi beau parleur, a acquis quelque prétention à faire le philosophe; il s'écoute parler et prétend avoir besoin de contradiction pour pouvoir soutenir la discussion (acte III, scène première). Mais sa naïve dialectique défend aussi maladroitement les causes les plus diverses : les bienfaits de la médecine, la croyance au moine bourru et l'existence de Dieu. Le pédantisme a beau être un trait traditionnel de certains personnages de la farce italienne, il contribue, en s'ajoutant aux autres caractéristiques, à faire du valet de Dom Juan un personnage caricatural, mais aussi équivoque. On peut se demander si Sganarelle n'a pas une secrète admiration pour ce maître « abominable » qu'il se dit contraint de suivre, peut-être parce qu'il n'a pas envie de l'abandonner.

Quant aux autres personnages, ils sont un peu conventionnels, mais, comme toujours chez Molière, ils prennent cependant leur vérité humaine. **Done Elvire** a l'exaltation des héroïnes romanesques. C'est par amour de Dieu, et non pas par contrainte ou par convenance, qu'elle était entrée au couvent; mais une autre passion, tout aussi exclusive, l'a entraînée vers Dom Juan. A la fin de la pièce, pénétrée d'un mélancolique repentir, elle ne garde pour son bourreau qu'une généreuse tendresse, où l'on sent encore la flamme secrète de l'amour. Elle fait penser à la religieuse portugaise dont les *Lettres* (1669) enchanteront bientôt les contemporains de Molière. **Dom Louis** est un père de tragédie : son sens de l'honneur familial est digne de Don Diègue et du vieil Horace; au cinquième acte, quand il est dupe de l'hypocrisie de Dom Juan, on ne saurait songer à rire de sa naïveté, pourtant comparable à celle des Gérontes trop enclins à se laisser tromper par leur pendard de fils. Quant aux **paysans**, ils ont le langage et les manières des rustres de la farce; mais, là encore, Molière a nuancé les caractères : comment Pierrot, dont les sentiments ne sont guère compliqués, pourrait-il s'entendre avec Charlotte, fille coquette, qui caresse l'ambition de devenir une grande dame? **M. Dimanche** appartient à la comédie bourgeoise et donne l'image de ce que pouvait être M. Jourdain, au temps où il n'avait pas encore fait fortune. Les nobles, **Dom Carlos** et **Dom Alonse**, viennent tout droit de la comédie héroïque; mais, là encore, Molière a donné à ces personnages secondaires leur vérité : l'un est plus humain, l'autre plus intransigeant. **Le Pauvre** enfin, tout en appartenant au domaine de la réalité familière, prend la grandeur d'un symbole. Tous ces personnages sont donc bien vivants, chacun à sa manière; mais ce qui est étrange, c'est qu'ils semblent appartenir à des univers différents; l'art de Molière a su les réunir autour du personnage central pour mieux mettre en relief la personnalité de Dom Juan.

LES INTENTIONS DE MOLIÈRE

Alors que certaines comédies de Molière, surtout au début de sa carrière, sont éclairées par des préfaces, des commentaires ou par d'autres pièces[1], *Dom Juan*, que son auteur n'a même pas voulu publier, pose plus d'un problème. Si les dévots ont attaqué la comédie, c'est sans doute à cause du cinquième acte, où ils étaient directement visés, mais ils ont eu l'habi-

---

1. Pour *l'Ecole des femmes*, c'est « *la Critique de l'Ecole des femmes* » et *l'Impromptu de Versailles* ; pour *le Tartuffe*, les placets, la préface et la *Lettre sur « l'Imposteur »*; pour *le Misanthrope*, ce sera *la Lettre écrite sur la comédie du Misanthrope*, par Donneau de Visé.

leté d'incriminer d'autres passages de la pièce, s'indignant de trouver chez le Dom Juan de Molière une impiété qui ne les avait pourtant pas choqués chez Dorimond ou chez Villiers. Est-ce par lassitude que Molière a capitulé? Ou a-t-il de lui-même sinon renié, du moins écarté une œuvre qui lui semblait peu contribuer à sa réputation? On a soutenu qu'il ne pouvait guère se sentir à son aise dans un sujet que les circonstances lui avaient imposé et dont l'esprit n'était pas le sien. Poussant cette supposition jusqu'au paradoxe, Jean Anouilh écrit à propos de *Dom Juan* : « Je suis persuadé qu'il [Molière] n'a pas su ce qu'il écrivait. Epouvanté quinze jours plus tard, ayant *vu* la pièce, il la retirait de l'affiche, et il ne l'a jamais fait éditer. » D'où viendrait cette « épouvante »? La structure dramatique de la pièce, on l'a vu, est singulière; et Boileau, défenseur de *l'Ecole des femmes* et admirateur du *Misanthrope*, n'était certainement pas satisfait de voir Molière revenir à une forme théâtrale qui rappelle le désordre à la mode dans la première partie du siècle. Mais J. Anouilh songe peut-être aussi à la moralité de la pièce; et, là encore, les intentions de Molière ont sollicité les interprétations les plus diverses, surtout quand il s'agit du héros lui-même.

Que Dom Juan soit odieux par son orgueil et par sa méchanceté, c'est évident. Son attitude à l'égard de Done Elvire, de Dom Louis, du pauvre, et son hypocrisie plus impardonnable encore que celle de Tartuffe le désignent à la réprobation du spectateur. Mais Dom Juan n'est pas non plus sans prestige : l'ascendant qu'il exerce sur les femmes, son courage physique suscitent une secrète admiration. Le plus souvent, Molière associe le ridicule à l'odieux; de Tartuffe, escroc dangereux, à M. Jourdain, bonhomme naïf, on voit aisément comment il dose, à proportions inégales, le dégoût et la moquerie. Mais ici, ce sont deux réactions contradictoires qui sollicitent le spectateur. L'intelligence de Dom Juan ne fait qu'accroître l'incertitude : car il semble avoir toujours raison. Alors que Molière place le plus souvent, en face de chacun des personnages déséquilibrés par quelque vice ou quelque passion, un « raisonneur » à l'esprit sensé (Chrysalde en face d'Arnolphe, Philinte en face d'Alceste), ici, c'est Sganarelle qui tient tête à Dom Juan. Et le maître n'a pas grand mal à démontrer au valet qu'il est aussi vain de croire au Ciel qu'à la médecine. Dom Juan a le beau rôle quand il affirme que « deux et deux sont quatre » à un Sganarelle qui se casse le nez à vouloir démontrer l'existence de Dieu. Les dévots (voir le jugement de Rochemont à la fin de l'ouvrage) n'ont pas manqué d'insinuer que l'auteur laissait ici apercevoir sa sympathie pour l'incrédulité de son héros. Faut-il en conclure que Dom Juan est ici le porte-parole de Molière? Mais on ne voit pas quel intérêt aurait eu Molière à faire cette profession d'athéisme, en un temps où une telle attitude n'aurait guère trouvé d'écho dans son public et aurait risqué de lui créer plus d'un ennui. Et si Molière a quelque sympathie pour l'athéisme de Dom Juan, pourquoi le livrer à la colère de Dieu?

Assurément, on peut toujours conclure que Molière ne prend pas parti, que son imagination a conçu son héros avec des contradictions, telles que la vie en crée dans chaque être humain. Mais c'est alors nier que Molière soit moraliste, c'est lui prêter une attitude que la littérature moderne admet peut-être, mais que les écrivains du XVIIᵉ siècle ne concevaient guère. En fait, Dom Juan, comme tant d'autres personnages de Molière, est un personnage dont l'équilibre psychologique se trouve détruit par un vice dominant : l'orgueil. La beauté et l'intelligence, dont la nature l'a pourvu, la bravoure et la générosité que son éducation de gentilhomme a confirmées en lui sont encore assez visibles pour qu'on se rende compte de ce qu'aurait pu être Dom Juan si la corruption de l'orgueil ne l'avait pas perdu. Quant à son incrédulité, elle n'est pas condamnable en elle-même, car il peut y avoir une façon honnête d'être « libertin » aussi bien que dévot. Mais, lorsque l'athéisme s'appuie sur l'orgueil et joue de l'hypocrisie, il risque de trouver sa punition : quand la statue du Commandeur s'anime, Dom Juan en vient à défier les puissances surnaturelles qu'il avait pourtant niées jusque-là; par orgueil, il se trouve pris dans une contradiction qui le mène à sa perte. Une telle interprétation n'enlève pas totalement son mystère au personnage de Dom Juan; celui-ci reste, avec Alceste, la plus discutée des créations de Molière. Le Misanthrope est lui aussi un gentilhomme pourvu d'évidentes qualités de cœur et d'esprit, mais qui sont gâchées par une humeur atrabilaire et chagrine; son vice est moins grave que celui de Dom Juan, mais le déséquilibre qui le caractérise est provoqué de même façon.

Le romantisme, en s'emparant du personnage de Dom Juan, a encore contribué à rendre plus obscures les intentions de Molière. Illuminant Dom Juan de tous les prestiges malsains du satanisme, le XIXᵉ siècle l'a transformé de telle façon qu'il est presque impossible aujourd'hui de ne pas voir le héros de Molière à travers l'image qu'une littérature plus récente a donnée de lui. On a tendance à accentuer tout ce qui fait de Dom Juan le symbole de la révolte contre Dieu, alors qu'il n'était peut-être pour Molière qu' « un grand seigneur méchant homme ».

LE COMIQUE

Dans la plupart de ses grandes comédies, Molière a usé de toute la gamme des procédés comiques : la plus sûre marque de son génie est la facilité avec laquelle il passe de l'un à l'autre, harmonisant toutes les sources du rire sans rompre l'unité d'une pièce. Dans *Dom Juan*, la variété existe aussi : la bouffonnerie de Sganarelle, la cocasserie des paysans, la gaucherie de M. Dimanche suscitent le comique de mots, le comique de gestes, le comique de situation de manières différentes, selon leur condition, leur langage ou leur caractère. Et Molière n'hésite pas à pousser ses effets jusqu'à la farce : soufflet destiné à Pierrot et reçu par Sganarelle (acte II, scène III), chute (acte III, scène première) ou colique (acte III, scène V) de Sganarelle, etc.

Mais le rire est épisodique dans *Dom Juan* : trop de personnages (Done Elvire, Dom Louis, Dom Carlos, Dom Alonse, le Pauvre, la statue du Commandeur) appartiennent à l'univers tragique ou héroïque pour qu'il soit question de rire d'eux; et Molière fait alterner les scènes drôles et les scènes sérieuses : l'acte des paysans (acte II) compense l'impression laissée par le premier acte; à l'acte IV, les scènes III (M. Dimanche) et VII (le dîner de Sganarelle) brisent la progression tragique que produiraient les apparitions successives de Dom Louis, d'Elvire et de la Statue. Sans doute, il y a ailleurs, chez Molière, des personnages qui restent hors du comique, mais le raisonneur (Chrysalde dans *l'École des femmes*, Cléante dans *le Tartuffe*, ou Philinte dans *le Misanthrope*) reste toujours étranger à l'action; il est un témoin sensé qui n'est là que pour mettre en relief le ridicule des autres. Ici, les personnages tragiques participent à l'action; et ce qui est plus étonnant, c'est que le héros lui-même, Dom Juan, n'est jamais ridicule; si l'on rit, ce n'est pas de lui, mais de ses victimes. La présence presque constante de Sganarelle auprès de son maître rend comiques presque toutes les scènes où apparaît Dom Juan, mais c'est aux dépens de Sganarelle que l'on s'amuse. Faut-il en conclure que *Dom Juan* est une pièce où le comique est plaqué artificiellement sur un sombre drame? Là encore, les idées que le romantisme et la connaissance de Shakespeare ont apportées sur le mélange des genres risquent de faire juger la pièce de Molière avec des conceptions trop modernes.

Il y a assurément quelque chose d'étrange dans *Dom Juan*, comparé aux autres pièces de Molière. D'habitude, le personnage ridicule et odieux se trouve, au dénouement, sinon puni de son vice, du moins mis dans l'impossibilité de nuire : ainsi la moralité de la pièce apporte-t-elle au spectateur la satisfaction de voir berné celui qu'on avait désigné comme cible à son rire et à son dégoût. Dans *Dom Juan*, il y a divorce entre la moralité et le comique. On accepterait mal en effet la punition d'un Dom Juan, dont on est complice chaque fois qu'il s'agit de railler des naïfs et des imbéciles : mais à côté des victimes ridicules (Sganarelle, les paysannes, M. Dimanche), il y a celles que l'on plaint (Done Elvire, Dom Louis), et c'est à cause d'elles que l'on admet le châtiment final, moralité inévitable, léguée par la légende. Toutefois, les personnages et les épisodes comiques sont sinon plus nombreux du moins plus fortement dessinés que le reste; il serait donc vain de dénier à l'ensemble le titre de « comédie »; et si l'on n'oublie pas le dénouement de *Dom Juan*, on garde davantage le souvenir de la dernière image : Sganarelle réclamant ses gages.

LE STYLE

Quant au style, il est conditionné lui aussi par le caractère singulier de cette comédie. *Dom Juan* est la première grande pièce en prose écrite par Molière[1]. On y trouve déjà cette langue libre et savoureuse, pleine de naturel, qui reparaîtra dans *l'Avare* et le *Bourgeois gentilhomme* : parfois la phrase prend le rythme de la poésie, mais les quelques vers

---

1. *Les Précieuses ridicules* ne sauraient être en effet considérées comme une grande comédie.

blancs qu'on peut découvrir dans *Dom Juan*, comme dans toutes les autres productions en prose de Molière, ne prouvent pas qu'il ait dû, par manque de temps, rédiger en prose ce qu'il aurait eu, à l'origine, l'intention de mettre en vers. Le poète de l'*École des femmes* et du *Tartuffe* retrouve instinctivement le rythme de l'alexandrin; et rien n'autorise à penser que Molière ait considéré la prose comme un pis-aller. Ce qui est surtout frappant dans *Dom Juan*, c'est la virtuosité d'un prosateur, qui joue avec tous les registres du style, selon les scènes et les personnages. Précisément, c'est dans le rôle des personnages « nobles » que le vocabulaire et le mouvement de la phrase s'approchent le plus du style tragique : il y a du sublime dans les exhortations de Done Elvire (acte premier, scène III), de la grandeur dans les reproches de Dom Louis (acte IV, scène IV), de la générosité dans la reconnaissance de Dom Carlos (acte III, scène III). L'ironie de Dom Juan n'est jamais vulgaire, et certaines de ses tirades (acte premier, scène II) sont marquées aussi du ton aristocratique qui convient au grand seigneur. Il n'est pas besoin d'insister sur l'effet de contraste que peuvent produire alors le jargon des paysans ou le galimatias ampoulé de Sganarelle. Cette diversité des styles ne rompt pas l'unité d'ensemble; mais elle distingue profondément *Dom Juan* des autres comédies en prose de Molière. Ce n'est donc pas seulement par le sujet, mais aussi par le style que l'on s'éloigne ici du « réalisme » dont on peut qualifier *l'Avare* ou le *Bourgeois gentilhomme*. La variété du ton contribue elle aussi à fixer l'impression dominante que laisse *Dom Juan* : celle d'une pièce où l'image concrète de la vie s'allie au prestige de la légende.

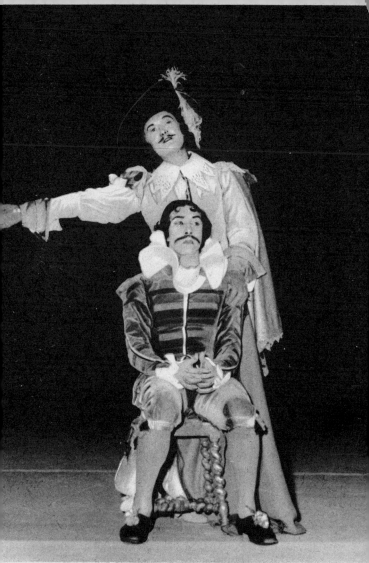

« Je me sens un cœur à aimer toute la terre... » (Page 32, ligne 77.)

DOM JUAN (Jean Vilar) et SGANARELLE (Daniel Sorano).

Théâtre national populaire (1952).

PERSONNAGES[1]

DOM JUAN[2], fils de Dom Louis.

SGANARELLE, valet de Dom Juan.

ELVIRE, femme de Dom Juan.

GUSMAN, écuyer d'Elvire,

DOM CARLOS
DOM ALONSE } frères d'Elvire.

DOM LOUIS, père de Dom Juan.

CHARLOTTE
MATHURINE } paysannes.

PIERROT paysan.

LA STATUE DU COMMANDEUR

LA VIOLETTE
RAGOTIN } laquais de Dom Juan.

M. DIMANCHE[3], marchand.

LA RAMÉE, spadassin.

UN PAUVRE

Suite de Dom Juan

Suite de Dom Carlos et de Dom Alonse, frères.

Un spectre.

LA SCÈNE EST EN SICILE

---

1. On ignore quelle fut, en 1665, la distribution des rôles; on sait seulement que celui de *Sganarelle* était tenu par Molière. Il est vraisemblable que La Grange jouait *Dom Juan*, Armande Béjart *Charlotte*, et Mlle de Brie *Mathurine*; 2. *Don* est le titre de nobles en Espagne. Mais Molière, comme ses contemporains, prête au titre espagnol l'orthographe du vieux mot français *Dom* (de *dominum*), terme de respect qui se donne encore aujourd'hui aux religieux de certains ordres; 3. Nom de famille qui existait réellement en France au temps de Molière et qu'on retrouve encore aujourd'hui.

DOM JUAN
OU LE FESTIN DE PIERRE[1]

ACTE PREMIER

Le théâtre représente un palais[2].

égalité

Scène première. — SGANARELLE, GUSMAN.

SGANARELLE, *tenant une tabatière.* — Quoi que puisse dire
Aristote et toute la Philosophie, il n'est rien d'égal au tabac[3] :
c'est la passion des honnêtes gens, et qui vit sans tabac n'est
pas digne de vivre[4]. Non seulement il réjouit et purge les cer-
5 veaux humains, mais encore il instruit les âmes à la vertu,
et l'on apprend avec lui à devenir honnête homme. Ne voyez-
vous pas bien, dès qu'on en prend, de quelle manière obli-
geante on en use avec tout le monde, et comme on est ravi
d'en donner à droit[5] et à gauche, partout où l'on se trouve ?
10 On n'attend pas même qu'on en demande, et l'on court
au-devant du souhait des gens : tant il est vrai que le tabac
inspire des sentiments d'honneur et de vertu à tous ceux qui
en prennent. (1) Mais c'est assez de cette matière. Reprenons
un peu notre discours. Si bien donc, cher Gusman, que Done
15 Elvire, ta maîtresse, surprise de notre départ, s'est mise en
campagne après nous, et son cœur, que mon maître a su tou-

---

1. Cette seconde appellation est par elle-même absurde ; elle semble provenir d'un
contresens sur le titre des originaux italiens, *Il Convitato di pietra (l'Invité de pierre)*.
Mais Molière crut devoir garder à la pièce le nom sous lequel ses prédécesseurs l'avaient
rendue populaire en France ; 2. Apparemment, un monument public ouvert à tous les
promeneurs ; 3. L'usage du tabac était en France vieux de cent ans, mais on en contestait
encore l'excellence. Louis XIII en avait interdit la vente, et les dévots en condamnaient
l'usage. La question était donc actuelle, ce qui rendait comique l'intervention d'Aristote, symbole peut-être de tous les esprits systématiques et arriérés ; 4. Vers blanc, comme
on en trouve un certain nombre dans la pièce ; 5. *A droit* : à droite. Ce masculin est courant
au temps de Molière ; il se retrouve chez Boileau, Mme de Sévigné, Bossuet.

■ QUESTIONS

1. Définissez le ton que Molière a voulu donner, dès le début, à sa pièce,
par les premiers propos de Sganarelle : valeur et signification de la parodie.

cher trop fortement, n'a pu vivre, dis-tu, sans le venir chercher
ici. Veux-tu qu'entre nous je te dise ma pensée? J'ai peur
qu'elle ne soit mal payée de son amour, que son voyage en
20 cette ville produise peu de fruit, et que vous eussiez autant
gagné à ne bouger de là.

GUSMAN. — Et la raison encore? Dis-moi, je te prie, Sganarelle, qui[1] peut t'inspirer une peur d'un si mauvais augure?
Ton maître t'a-t-il ouvert son cœur là-dessus, et t'a-t-il dit
25 qu'il eût pour nous quelque froideur qui l'ait obligé à partir?

SGANARELLE. — Non pas; mais, à vue de pays[2], je connais
à peu près le train des choses; et sans qu'il m'ait encore rien
dit, je gagerais presque que l'affaire va là[3]. Je pourrais peut-
être me tromper; mais enfin, sur de tels sujets, l'expérience
30 m'a pu donner quelques lumières.

GUSMAN. — Quoi? ce départ si peu prévu serait une infidélité
de Dom Juan? Il pourrait faire cette injure[4] aux chastes feux de
Done Elvire?

SGANARELLE. — Non, c'est qu'il est jeune encore, et qu'il n'a
35 pas le courage...

GUSMAN. — Un homme de sa qualité ferait une action si
lâche?

SGANARELLE. — Eh oui, sa qualité! La raison en est belle,
et c'est par là qu'il s'empêcherait[5] des choses!

40 GUSMAN. — Mais les saints nœuds du mariage le tiennent
engagé.

SGANARELLE. — Eh! mon pauvre Gusman, mon ami, tu ne
sais pas encore, crois-moi, quel homme est Dom Juan.

GUSMAN. — Je ne sais pas, de vrai, quel homme il peut
45 être, s'il faut qu'il nous ait fait cette perfidie; et je ne comprends
point comme après tant d'amour et tant d'impatience témoi-
gnée, tant d'hommages pressants, de vœux, de soupirs et de
larmes, tant de lettres passionnées, de protestations ardentes
et de serments réitérés, tant de transports[6] enfin et tant d'em-
50 portements qu'il a fait paraître, jusqu'à forcer, dans sa passion, l'obstacle sacré d'un convent[7], pour mettre Done Elvire

---

1. *Qui*, interrogatif, s'emploie couramment alors au sens de « qu'est-ce qui », pour
désigner un sujet de chose; 2. D'après l'ensemble de ce que je vois; 3. Tend à cela; 4. *Injure* :
outrage; 5. S'abstiendrait; 6. *Transports* : manifestations extérieures d'une passion;
7. L'orthographe *couvent* ne commence à prévaloir qu'à la fin du XVII⁰ siècle, et, en 1718,
l'Académie préfère encore *convent*. Mais on semble avoir prononcé *couvent*.

en sa puissance, je ne comprends pas, dis-je, comme, après
tout cela, il aurait le cœur de pouvoir manquer à sa parole. (2)

55 SGANARELLE. — Je n'ai pas grande peine à le comprendre,
moi; et si tu connaissais le pèlerin[1], tu trouverais la chose
assez facile pour lui. Je ne dis pas qu'il ait changé de sentiments pour Done Elvire, je n'en ai point de certitude encore :
tu sais que, par son ordre, je partis avant lui, et depuis son
60 arrivée il ne m'a point entretenu; mais, par précaution, je
t'apprends, *inter nos*[2], que tu vois en Dom Juan, mon maître,
le plus grand scélérat que la terre ait jamais porté, un enragé,
un chien, un diable, un Turc, un hérétique, qui ne croit ni
Ciel, ni Enfer, ni loup-garou[3], qui passe cette vie en véritable
bête brute, un pourceau d'Épicure[4], un vrai Sardanapale[5],
65 qui ferme l'oreille à toutes les remontrances qu'on lui peut
faire, et traite de billevesées tout ce que nous croyons. Tu me
dis qu'il a épousé ta maîtresse : crois qu'il aurait plus fait
pour sa passion, et qu'avec elle il aurait encore épousé toi,
son chien et son chat. Un mariage ne lui coûte rien à contracter;
70 il ne se sert point d'autres pièges pour attraper les belles, et
c'est un épouseur à toutes mains[6]. Dame, demoiselle[7], bourgeoise, paysanne, il ne trouve rien de trop chaud ni de trop
froid pour lui; et si je te disais le nom de toutes celles qu'il a
épousées en divers lieux, ce serait un chapitre à durer jusques
75 au soir. Tu demeures surpris et changes de couleur à ce discours; ce n'est là qu'une ébauche du personnage, et pour en
achever le portrait, il faudrait bien d'autres coups de pinceau.
Suffit qu'il faut que le courroux du Ciel l'accable quelque jour;
qu'il me vaudrait bien mieux d'être au diable que d'être à
80 lui, et qu'il me fait voir tant d'horreurs, que je souhaiterais
qu'il fût déjà je ne sais où. Mais un grand seigneur méchant

---

1. Dicton usuel. Le mot *pèlerin* était alors pris souvent en mauvaise part : *rusé compère*;
2. Entre nous; 3. La naïveté de Sganarelle, qui respecte le loup-garou à l'égal des dogmes
chrétiens, parut à la censure une bouffonnerie sacrilège, et, dans l'édition cartonnée,
loup-garou fut supprimé. A noter qu'il y avait un « diable loup-garou » dans *le Festin
de pierre* de Dorimond (IV, II); 4. Traduction de la formule du poète latin Horace :
Epicuri de grege porcum (*Epîtres*, I, 4); 5. *Sardanapale* : roi légendaire d'Assyrie, type du
prince débauché et corrompu; 6. Un cheval *à toutes mains* est un cheval qui est bon pour
la selle et pour la voiture. Donc ici : un épouseur prêt à tous les mariages; 7. *Dame*,
demoiselle : femme et fille nobles.

— QUESTIONS —

2. Opposez l'attitude des deux personnages : la sincère indignation de
Gusman et la psychologie plus complexe de Sganarelle (désir d'excuser son
maître et d'en révéler aussi la criminelle perfidie, fierté de l'homme averti
en face d'un naïf).

homme est une terrible chose; il faut que je lui sois fidèle,
en dépit que j'en aie[1] : la crainte en moi fait l'office du zèle,
bride mes sentiments, et me réduit d'applaudir[2] bien souvent
85 à ce que mon âme déteste. Le voilà qui vient se promener
dans ce palais : séparons-nous. Écoute au moins : je t'ai fait
cette confidence avec franchise, et cela m'est sorti un peu bien
vite de la bouche; mais s'il fallait qu'il en vînt quelque chose
à ses oreilles, je dirais hautement que tu aurais menti. (3) (4)

SCÈNE II. — DOM JUAN, SGANARELLE.

DOM JUAN. — Quel homme te parlait là? Il a bien de l'air[3],
ce me semble, du bon Gusman de Done Elvire.

SGANARELLE. — C'est quelque chose aussi à peu près de cela[4].

DOM JUAN. — Quoi? c'est lui?

5 SGANARELLE. — Lui-même.

DOM JUAN. — Et depuis quand est-il en cette ville?

SGANARELLE. — D'hier au soir.

DOM JUAN. — Et quel sujet l'amène?

SGANARELLE. — Je crois que vous jugez assez ce qui le peut
10 inquiéter.

DOM JUAN. — Notre départ sans doute?

SGANARELLE. — Le bonhomme[5] en est tout mortifié[6], et m'en
demandait le sujet.

---

1. Dans cette expression, courante au XVIe siècle, *dépit* a son sens primitif de « mépris »,
« répugnance ». Ici donc : malgré ma répugnance; 2. Molière écrit indifféremment, dans
cette même pièce, *réduire à* ou *réduire de*; 3. Il a beaucoup de ressemblance avec; 4. Assez
près de cela. L'expression *à peu près* pouvait comporter un complément; 5. *Bonhomme* :
vieil homme; 6. *Mortifié* : non pas, comme aujourd'hui, humilié, mais attristé. Cet emploi
du mot était nouveau.

QUESTIONS

---

3. Composition de cette tirade. — Quels sont, d'après Sganarelle, les
traits essentiels du caractère de Dom Juan? Importance de l'expression :
Un grand seigneur méchant homme. — La personnalité de Sganarelle d'après
cette tirade : que révèlent son vocabulaire et son style?
4. SUR L'ENSEMBLE DE LA SCÈNE PREMIÈRE. — L'exposition, d'après cette
scène.
— Est-il courant que le personnage principal soit, comme ici, présenté
par les propos d'autres personnages? Utilité de ce procédé.
— Chez les devanciers de Molière, la jeune femme était la fille du Commandeur, et celui-ci avait été tué en la défendant contre les violences de Dom Juan :
quelle est l'importance de ce changement pour l'intrigue?
— Faites le portrait de Sganarelle : les qualités qui lui sont propres, et
celles qu'il a développées au contact de son maître.

15   DÒM JUAN. — Et quelle réponse as-tu faite?

  SGANARELLE. — Que vous ne m'en aviez rien dit.

  DOM JUAN. — Mais encore, quelle est ta pensée là-dessus? Que t'imagines-tu de cette affaire?

  SGANARELLE. — Moi, je crois, sans vous faire tort, que vous avez quelque nouvel amour en tête.

20   DOM JUAN. — Tu le crois?

  SGANARELLE. — Oui.

  DOM JUAN. — Ma foi! tu ne te trompes pas, et je dois t'avouer qu'un autre objet[1] a chassé Elvire de ma pensée.

25   SGANARELLE. — Eh mon Dieu! je sais mon Dom Juan sur le bout du doigt, et connais votre cœur pour le plus grand coureur du monde : il se plaît à se promener de liens en liens, et n'aime guère à demeurer en place.

  DOM JUAN. — Et ne trouves-tu pas, dis-moi, que j'ai raison d'en user de la sorte?

30   SGANARELLE. — Eh! Monsieur.

  DOM JUAN. — Quoi? Parle.

  SGANARELLE. — Assurément que vous avez raison, si vous le voulez; on ne peut pas aller là contre. Mais si vous ne le vouliez pas, ce serait peut-être une autre affaire.

35   DOM JUAN. — Eh bien! je te donne la liberté de parler et de me dire tes sentiments.

  SGANARELLE. — En ce cas, Monsieur, je vous dirai franchement que je n'approuve point votre méthode, et que je trouve fort vilain d'aimer de tous côtés comme vous faites. (5)

40   DOM JUAN. — Quoi? tu veux qu'on se lie à[2] demeurer au premier objet qui nous prend, qu'on renonce au monde pour lui, et qu'on n'ait plus d'yeux pour personne? La belle chose

---

1. *Objet* de l'amour : femme aimée (vocabulaire galant); 2. Construction rare, par analogie avec *s'obliger à*, qui, par son étymologie, a le même sens que *lier*.

■ QUESTIONS ■

5. Est-il naturel que Dom Juan prenne Sganarelle pour confident? A-t-il besoin de lui pour obtenir ses informations et demander des conseils? — L'attitude de Sganarelle à l'égard de son maître : mélange de prudence et de franchise. Pourquoi est-il très hardi d'affirmer, en s'adressant à Dom Juan, que c'est *fort vilain* d'agir comme il le fait?

de vouloir se piquer[1] d'un faux honneur d'être fidèle, de s'ensevelir pour toujours dans une passion, et d'être mort dès sa
45 jeunesse à toutes les autres beautés qui nous peuvent frapper
les yeux! Non, non : la constance n'est bonne que pour des
ridicules[2]; toutes les belles ont droit de nous charmer, et l'avantage d'être rencontrée la première ne doit point dérober aux
autres les justes prétentions qu'elles ont toutes sur nos cœurs.
50 Pour moi, la beauté me ravit partout où je la trouve, et je cède
facilement à cette douce violence dont elle nous entraîne. J'ai
beau être engagé, l'amour que j'ai pour une belle n'engage
point mon âme à faire injustice aux autres; je conserve des
yeux pour voir le mérite de toutes, et rends à chacune les
55 hommages et les tributs où[4] la nature nous oblige. Quoi qu'il
en soit, je ne puis refuser mon cœur à tout ce que je vois d'ai-
mable; et dès qu'un beau visage me le demande, si j'en avais
dix mille, je les donnerais tous. Les inclinations naissantes,
après tout, ont des charmes inexplicables, et tout le plaisir
60 de l'amour est dans le changement. On goûte une douceur
extrême à réduire, par cent hommages, le cœur d'une jeune
beauté, à voir de jour en jour les petits progrès qu'on y fait,
à combattre par des transports, par des larmes et des soupirs, l'innocente pudeur d'une âme qui a peine à rendre les
65 armes, à forcer pied à pied toutes les petites résistances qu'elle
nous oppose, à vaincre les scrupules dont elle se fait un honneur
et la mener doucement où nous avons envie de la faire venir.
Mais lorsqu'on en est maître une fois[5], il n'y a plus rien à dire
ni rien à souhaiter; tout le beau de la passion est fini, et nous
70 nous endormons dans la tranquillité d'un tel amour, si quelque
objet nouveau ne vient réveiller nos désirs, et présenter à notre
cœur les charmes attrayants d'une conquête à faire. Enfin il
n'est rien de si doux que de triompher de la résistance d'une
belle personne, et j'ai sur ce sujet l'ambition des conquérants,
75 qui volent perpétuellement de victoire en victoire, et ne peuvent
se résoudre à borner leurs souhaits. Il n'est rien qui puisse
arrêter l'impétuosité de mes désirs : je me sens un cœur à
aimer toute la terre; et comme Alexandre, je souhaiterais

1. *Se piquer de* : prétendre à. L'expression était à la mode depuis une quarantaine
d'années, mais Vaugelas la critiquait, assurant que c'était « une façon de parler de nos
courtisans » et qu'elle risquait de n'être pas comprise « dans les provinces ». 2. Des
hommes ridicules; 3. Dans la langue du temps, les deux emplois du verbe se ramènent
à peu près au même sens; *engagé* : obligé par un lien amoureux; *n'engage point* : n'oblige
point; 4. *Où* remplace alors librement un relatif précédé d'une préposition et se rappor-
tant à un nom de chose. Ici : auxquels; 5. Une fois qu'on en est le maître.

qu'il y eût d'autres mondes, pour y pouvoir étendre mes
80 conquêtes amoureuses. (6) *repetition.*

SGANARELLE. — Vertu de ma vie, comme vous débitez!
Il semble que vous ayez appris cela par cœur, et vous parlez
tout comme un livre. (7)

DOM JUAN. — Qu'as-tu à dire là-dessus?

85 SGANARELLE. — Ma foi! j'ai à dire..., je ne sais que dire[1];
car vous tournez les choses d'une manière[2], qu'il semble que
vous avez raison; et cependant il est vrai que vous ne l'avez
pas. J'avais les plus belles pensées du monde, et vos discours
m'ont brouillé tout cela. Laissez faire : une autre fois je mettrai
90 mes raisonnements par écrit, pour disputer[3] avec vous.

DOM JUAN. — Tu feras bien.

SGANARELLE. — Mais, Monsieur, cela serait-il de la per-
mission que vous m'avez donnée, si je vous disais que je suis
tant soit peu scandalisé de la vie que vous menez?

95 DOM JUAN. — Comment? quelle vie est-ce que je mène?

SGANARELLE. — Fort bonne. Mais, par exemple, de vous
voir tous les mois vous marier comme vous faites...

DOM JUAN. — Y a-t-il rien de plus agréable?

SGANARELLE. — Il est vrai, je conçois que cela est fort agréable
100 et fort divertissant, et je m'en accommoderais assez, moi, s'il
n'y avait point de mal; mais, Monsieur, se jouer ainsi d'un
mystère sacré[4], et...

DOM JUAN. — Va, va, c'est une affaire entre le Ciel et moi,
et nous la démêlerons bien ensemble, sans que tu t'en mettes
105 en peine.

---

1. Sganarelle commence une phrase, se trouble et avoue qu'il ne sait quoi dire; mais
le texte de l'édition non censurée et celui de 1683 ne mettent pas de points de suspension.
Il faut alors entendre : « J'ai bien des choses à vous dire, mais je ne sais vous les dire »;
2. D'une telle manière que...; 3. *Disputer :* discuter; 4. Le mariage. Débauché, Dom Juan
ne blesserait que la morale; en se jouant d'un sacrement, il outrage encore la foi. Dans
les quelques lignes suivantes, l'édition censurée supprime tout ce qui a trait à la religion.

— QUESTIONS —

6. Composition et style de cette tirade. — Comment Dom Juan justifie-t-il
les « maximes » de son immoralité? Quelle est, dans la seconde partie de la
tirade, l'image qui anime la pensée de Dom Juan? Valeur de la dernière
phrase. Le goût de la conquête ne devrait-il pas, chez un noble, s'exercer
d'autre façon?

7. Cette réflexion de Sganarelle souligne le caractère un peu artificiel de
la tirade précédente : pourquoi?

passion pour la repetition de la conquête.

SGANARELLE. — Ma foi! Monsieur, j'ai toujours ouï dire que c'est une méchante[1] raillerie que de se railler du Ciel, et que les libertins[2] ne font jamais une bonne fin.

DOM JUAN. — Holà! maître sot, vous savez que je vous ai dit que je n'aime pas les faiseurs de remontrances. (8)

SGANARELLE. — Je ne parle pas aussi à vous, Dieu m'en garde. Vous savez ce que vous faites, vous; et si vous ne croyez rien, vous avez vos raisons; mais il y a de certains petits impertinents[3] dans le monde, qui sont libertins sans savoir pourquoi, qui font les esprits forts[4], parce qu'ils croient que cela leur sied bien; et si j'avais un maître comme cela, je lui dirais fort nettement, le regardant en face : « Osez-vous bien ainsi vous jouer au Ciel[5], et ne tremblez-vous point de vous moquer comme vous faites des choses les plus saintes? C'est bien à vous, petit ver de terre, petit mirmidon[6] que vous êtes (je parle au maître que j'ai dit), c'est bien à vous à vouloir vous mêler de tourner en raillerie ce que tous les hommes révèrent? Pensez-vous que pour être de qualité, pour avoir une perruque blonde[7] et bien frisée, des plumes à votre chapeau, un habit bien doré, et des rubans couleur de feu (ce n'est pas à vous que je parle, c'est à l'autre), pensez-vous, dis-je, que vous en soyez plus habile[8] homme, que tout vous soit permis, et qu'on n'ose vous dire vos vérités? Apprenez de moi, qui suis votre valet, que le Ciel punit tôt ou tard les impies, qu'une méchante[9] vie amène une méchante mort, et que... »

DOM JUAN. — Paix! (9)

1. *Méchante* : malencontreuse, donc imprudente, plutôt que : mal intentionnée; 2. *Libertin* : libre penseur, incrédule; 3. *Impertinent* signifie non pas « insolent », mais, comme l'écrit l'Académie dans son Dictionnaire de 1694 : « Qui parle ou agit contre la raison, contre la discrétion, contre la bienséance »; 4. *Esprit fort* : celui qui refuse d'admettre les croyances traditionnelles en matière de religion; 5. C'est-à-dire : jouer contre le Ciel, vous attaquer au Ciel; 6. *Les Myrmidons* (ou *Mirmidons*) étaient les sujets d'Achille dans *l'Iliade*, puis, suivant une tradition postérieure et une étymologie fantaisiste : peuple chétif et de petite taille; 7. Les *perruques blondes* étaient à la mode, et l'on appelait « blondins » les élégants qui les portaient; 8. *Habile* : « Docte et savant », suivant la définition du P. Bouhours; 9. *Méchant* : ici, mauvais, inspiré par le mal.

───────── QUESTIONS ─────────

8. Les hésitations de Sganarelle : ont-elles pour seul motif la crainte de son maître? N'ont-elles pas une cause qui peut paraître plus inquiétante? — Les points de vue des deux interlocuteurs, dans cette première discussion sur la religion.

9. Le procédé comique; son effet : cherchez dans *le Misanthrope* (acte I, scène II) l'application du même procédé. — Le style burlesque des remontrances de Sganarelle est-il profitable à la cause qu'il défend? Quelle importance prend l'allusion aux vêtements des libertins pour le spectateur de 1665? — Dom Juan peut-il être très sensible aux arguments de Sganarelle?

SGANARELLE. — De quoi est-il question ?

DOM JUAN. — Il est question de te dire qu'une beauté me tient au cœur, et qu'entraîné par ses appas[1], je l'ai suivie
135 jusques en cette ville.

SGANARELLE. — Et n'y craignez-vous rien, Monsieur, de la mort de ce commandeur[2] que vous tuâtes il y a six mois ?

DOM JUAN. — Et pourquoi craindre ? Ne l'ai-je pas bien tué[3] ?

SGANARELLE. — Fort bien, le mieux du monde, et il aurait
140 tort de se plaindre.

DOM JUAN. — J'ai eu ma grâce de cette affaire.

SGANARELLE. — Oui, mais cette grâce n'éteint pas peut-être le ressentiment des parents et des amis, et... **(10)**

DOM JUAN. — Ah ! n'allons point songer au mal qui nous
145 peut arriver, et songeons seulement à ce qui nous peut donner du plaisir. La personne dont je te parle est une jeune fiancée, la plus agréable du monde, qui a été conduite ici par celui même qu'elle y vient épouser ; et le hasard me fit voir ce couple d'amants trois ou quatre jours avant leur voyage. Jamais je
150 n'ai vu deux personnes être si contents l'un de l'autre[4], et faire éclater plus d'amour. La tendresse visible de leurs mutuelles ardeurs me donna de l'émotion ; j'en fus frappé au cœur et mon amour commença par la jalousie. Oui, je ne pus souffrir d'abord[5] de les voir si bien ensemble ; le dépit alarma mes
155 désirs, et je me figurai un plaisir extrême à pouvoir troubler leur intelligence, et rompre cet attachement, dont la délicatesse[6] de mon cœur se tenait offensée ; mais jusques ici tous mes efforts ont été inutiles, et j'ai recours au dernier remède. Cet

---

1. *Appas* : qualités physiques et morales qui séduisent dans une femme (sens figuré habituel dans le vocabulaire galant de l'époque) ; 2. Dans la pièce de Tirso de Molina, la victime de Dom Juan était commandeur de l'ordre militaire de Calatrava. Ici Molière tient d'autant plus à nous parler de lui dès le premier acte qu'il ne commence pas, comme ses prédécesseurs, par le meurtre du Commandeur. Suivant les lois du théâtre, les spectateurs doivent être préparés à l'intervention d'un personnage qui n'apparaîtra qu'au troisième acte ; 3. On a voulu entendre : « Ne l'ai-je pas tué loyalement, selon toutes les règles du duel ? » Il est plus simple de voir ici une plaisanterie cynique de Dom Juan : ne l'ai-je pas vraiment, sûrement tué ? Molière s'est peut-être souvenu du *Festin de pierre*, de Dorimond (v. 1388) : « Ce mort est trop bien mort pour retourner jamais », dit Dom Juan ; 4. Cet emploi logique du masculin avec *personne*, considéré pourtant comme un mot féminin, est courant alors, et approuvé par Vaugelas, qui y voit une « élégance » ; 5. Dès l'abord ; 6. *Délicatesse* : susceptibilité.

QUESTIONS

10. Pourquoi Molière n'a-t-il pas suivi ses prédécesseurs, qui avaient fait du Commandeur un personnage de la pièce, victime de Dom Juan sous les yeux des spectateurs ?

époux prétendu[1] doit aujourd'hui régaler[2] sa maîtresse d'une
160 promenade sur mer. Sans t'en avoir rien dit, toutes choses
sont préparées[3] pour satisfaire mon amour, et j'ai une petite
barque et des gens, avec quoi fort facilement je prétends enlever
la belle. **(11)**

SGANARELLE. — Ha! Monsieur...

165 DOM JUAN. — Hein?

SGANARELLE. — C'est fort bien fait à vous, et vous le prenez[4]
comme il faut. Il n'est rien tel en ce monde que de se contenter. **(12)**

DOM JUAN. — Prépare-toi donc à venir avec moi, et prends
170 soin toi-même d'apporter toutes mes armes, afin que... *(Il
aperçoit Done Elvire.)* Ah! rencontre fâcheuse! Traître, tu
ne m'avais pas dit qu'elle était ici elle-même.

SGANARELLE. — Monsieur, vous ne me l'avez pas demandé.

DOM JUAN. — Est-elle folle, de n'avoir pas changé d'habit,
175 et de venir en ce lieu-ci avec son équipage[5] de campagne? **(13)**

SCÈNE III. — DONE ELVIRE, DOM JUAN,
SGANARELLE.

DONE ELVIRE. — Me ferez-vous la grâce, Dom Juan, de vouloir bien me reconnaître? et puis-je au moins espérer que vous
daigniez tourner le visage de ce côté?

DOM JUAN. — Madame, je vous avoue que je suis surpris,
5 et que je ne vous attendais pas ici.

---

1. Futur époux. On disait : prétendre quelqu'un en mariage; 2. *Régaler :* offrir un
divertissement, une partie de plaisir; 3. Construction aujourd'hui incorrecte, le sujet
de la proposition infinitive n'étant pas celui de la principale; 4. Sens plus général qu'aujourd'hui : vous prenez la vie, vous vous conduisez...; 5. *Équipage :* vêtement.

─────── **QUESTIONS** ───────────────

11. Pouvait-on croire Dom Juan sensible à la *jalousie* et au *dépit?* Pourquoi
ne peut-il souffrir le bonheur d'autrui?

12. L'attitude de Sganarelle : pourquoi ne se risque-t-il pas à contredire
son maître à ce moment?

13. SUR L'ENSEMBLE DE LA SCÈNE II. — Les rapports entre maître et valet
d'après cette scène : dans quelle mesure sont-ils conformes à la tradition de
la comédie?

— La personnalité de Dom Juan d'après cette scène.

— Le caractère de Sganarelle : comparez l'attitude de Sganarelle en présence de son maître avec ce qu'elle était (scène première) en son absence.

DONE ELVIRE. — Oui, je vois bien que vous ne m'y attendiez pas; et vous êtes surpris, à la vérité, mais tout autrement que je ne l'espérais; et la manière dont vous le paraissez me persuade pleinement ce que je refusais de croire. J'admire ma
10 simplicité et la faiblesse de mon cœur à douter d'une trahison que tant d'apparences me confirmaient. J'ai été assez bonne, je le confesse, ou plutôt assez sotte pour me vouloir tromper moi-même, et travailler à démentir mes yeux et mon jugement. J'ai cherché des raisons pour excuser à ma tendresse le relâ-
15 chement d'amitié[1] qu'elle voyait en vous; et je me suis forgé exprès cent sujets légitimes d'un départ si précipité, pour vous justifier du crime dont ma raison vous accusait. Mes justes soupçons chaque jour avaient beau me parler : j'en rejetais la voix qui vous rendait criminel à mes yeux, et j'écoutais avec
20 plaisir mille chimères ridicules qui vous peignaient innocent à mon cœur. Mais enfin cet abord[2] ne me permet plus de douter, et le coup d'œil qui m'a reçue m'apprend bien plus de choses que je ne voudrais en savoir. Je serai bien aise pourtant d'ouïr de votre bouche les raisons de votre départ. Parlez, Dom Juan,
25 je vous prie, et voyons de quel air vous saurez vous justifier. (14)

DOM JUAN. — Madame, voilà Sganarelle qui sait pourquoi je suis parti.

SGANARELLE, *bas à Dom Juan*. — Moi, Monsieur? Je n'en sais rien, s'il vous plaît.

30 DONE ELVIRE. — Eh bien! Sganarelle, parlez. Il n'importe de quelle bouche j'entende ces raisons.

DOM JUAN, *faisant signe d'approcher à Sganarelle*. — Allons, parle donc à Madame.

SGANARELLE, *bas à Dom Juan*. — Que voulez-vous que je
35 dise?

DONE ELVIRE. — Approchez, puisqu'on le veut ainsi, et me dites un peu les causes d'un départ si prompt.

DOM JUAN. — Tu ne répondras pas?

---

1. *Amitié* : amour. Le mot s'applique alors à toutes les formes de l'affection; 2. L'air de Dom Juan quand elle l'aborde.

─────── QUESTIONS ───────

14. Comment s'esquisse le caractère de Done Elvire? Sa passion; la lucidité avec laquelle elle analyse ses sentiments. L'aveu de ses faiblesses ne la met-elle pas en état d'infériorité en face de Dom Juan? En fait, qu'espère-t-elle obtenir de lui? Commentez de ce point de vue la dernière phrase.

SGANARELLE, *bas à Dom Juan.* — Je n'ai rien à répondre.
40 Vous vous moquez de votre serviteur.

DOM JUAN. — Veux-tu répondre, te dis-je?

SGANARELLE. — Madame...

DONE ELVIRE. — Quoi?

SGANARELLE, *se retournant vers son maître.* — Monsieur...

45 DOM JUAN, *en le menaçant.* — Si...

SGANARELLE. — Madame, les conquérants, Alexandre et les autres mondes sont causes de notre départ. Voilà, Monsieur, tout ce que je puis dire. **(15)**

DONE ELVIRE. — Vous plaît-il, Dom Juan, nous éclaircir ces
50 beaux mystères?

DOM JUAN. — Madame, à vous dire la vérité...

DONE ELVIRE. — Ah! que vous savez mal vous défendre pour un homme de cour, et qui doit être accoutumé à ces sortes de choses! J'ai pitié de vous voir la confusion que vous
55 avez. Que ne vous armez-vous le front[1] d'une noble effron- terie? Que ne me jurez-vous que vous êtes toujours dans les mêmes sentiments pour moi, que vous m'aimez toujours avec une ardeur sans égale, et que rien n'est capable de vous déta- cher de moi que la mort? Que ne me dites-vous que des affaires
60 de la dernière conséquence[2] vous ont obligé à partir sans m'en donner avis; qu'il faut que, malgré vous, vous demeuriez ici quelque temps, et que je n'ai qu'à m'en retourner d'où je viens, assurée que vous suivrez mes pas le plus tôt qu'il vous sera possible; qu'il est certain que vous brûlez de me rejoindre,
65 et qu'éloigné de moi vous souffrez ce que souffre un corps qui est séparé de son âme? Voilà comme il faut vous défendre, et non pas être interdit comme vous êtes. **(16)**

DOM JUAN. — Je vous avoue, Madame, que je n'ai point le talent de dissimuler, et que je porte un cœur sincère. Je

---

1. Le *front* est la partie du visage où l'on place volontiers la fierté, l'insolence, celle qui rougit dans la honte. L'orgueil fait lever le front et l'humilité le fait baisser; **2.** *Conséquence :* importance.

═══════ **QUESTIONS** ═══════

15. Est-ce par embarras que Dom Juan charge Sganarelle de répondre? Impressions du spectateur pendant cette partie de la scène; à quel genre de comique appartient la dernière réplique de Sganarelle?

16. L'ironie de Done Elvire dans cette tirade : pourquoi se croit-elle plus forte que Dom Juan?

Phot. Lipnitzki.

« Qu'as-tu à dire là-dessus ? » (Page 33, ligne 84.)
DOM JUAN (Louis Jouvet) et SGANARELLE
Théâtre de l'Athénée (1948).

70 ne vous dirai point que je suis toujours dans les mêmes sentiments pour vous, et que je brûle de vous rejoindre, puisque
enfin il est assuré que je ne suis parti que pour vous fuir; non
point par les raisons que vous pouvez vous figurer, mais par
un pur motif de conscience, et pour[1] ne croire pas qu'avec
75 vous davantage je puisse vivre sans péché. Il m'est venu des
scrupules, Madame, et j'ai ouvert les yeux de l'âme sur ce que
je faisais. J'ai fait réflexion que, pour vous épouser, je vous ai
dérobée à la clôture d'un couvent[2], que vous avez rompu des
vœux qui vous engageaient autre part, et que le Ciel est fort
80 jaloux de ces sortes de choses. Le repentir m'a pris, et j'ai
craint le courroux céleste; j'ai cru que notre mariage n'était
qu'un adultère déguisé, qu'il nous attirerait quelque disgrâce[3]
d'en haut, et qu'enfin je devais tâcher de vous oublier, et vous
donner moyen de retourner à vos premières chaînes. Voudriez-
85 vous, Madame, vous opposer à une si sainte pensée, et que
j'allasse, en vous retenant, me mettre le Ciel sur les bras, que
par...? (17)

DONE ELVIRE. — Ah! scélérat, c'est maintenant que je te
connais tout entier; et pour mon malheur, je te connais lors-
90 qu'il n'en est plus temps, et qu'une telle connaissance ne peut
plus me servir qu'à me désespérer. Mais sache que ton crime
ne demeurera pas impuni, et que le même Ciel dont tu te joues
me saura venger de ta perfidie.

DOM JUAN. — Sganarelle, le Ciel!

95 SGANARELLE. — Vraiment oui, nous nous moquons bien de
cela, nous autres[4].

DOM JUAN. — Madame...

DONE ELVIRE. — Il suffit. Je n'en veux pas ouïr davantage,
et je m'accuse même d'en avoir trop entendu. C'est une lâcheté
100 que de se faire expliquer[5] trop sa honte; et, sur de tels sujets,
un noble cœur, au premier mot, doit prendre son parti. N'attends

---

1. Parce que je ne crois pas; 2. Molière n'explique pas comment Elvire, après avoir
rompu ses vœux, a pu trouver un prêtre pour la marier. Au reste, à l'acte III, il n'est plus
question que d'une jeune fille « séduite et enlevée d'un couvent »; 3. *Disgrâce :* malheur;
4. Ces deux répliques jugées impies ont disparu dans l'édition censurée de 1682;
5. *Expliquer :* développer, mettre en évidence.

──────── **QUESTIONS** ────────

17. Comment interpréter ces explications de Dom Juan? Hypocrisie ou
insolence? Pourquoi son attitude est-elle pour Elvire la plus cruelle qu'on
puisse imaginer?

pas que j'éclate ici en reproches et en injures : non, non, je n'ai point un courroux à exhaler en paroles vaines, et toute sa chaleur se réserve pour sa vengeance. Je te le dis encore, 105 le Ciel te punira, perfide, de l'outrage que tu me fais; et si le Ciel n'a rien que tu puisses appréhender, appréhende du moins la colère d'une femme offensée. **(18)**

SGANARELLE, *à part*. — Si le remords le pouvait prendre!

DOM JUAN, *après une petite réflexion*. — Allons songer à 110 l'exécution de notre entreprise amoureuse.

SGANARELLE, *seul*. — Ah! quel abominable maître me vois-je obligé de servir! **(19) (20) (21)**

———————

———— **QUESTIONS** ————————

18. Le troisième aspect du personnage de Done Elvire. — L'effet produit par le tutoiement; en quoi approche-t-on ici de la tragédie?

19. Utilité de ces trois dernières répliques : au point de vue de l'action, au point de vue psychologique.

20. Sur l'ensemble de la scène III. — Faites le portrait de Done Elvire, héroïne pathétique.

— La cruauté de Dom Juan : vise-t-elle la personne de Done Elvire ou les vertus et l'idéal qu'elle représente?

— Quelle impression produit cette scène sur le spectateur? La présence de Sganarelle, le rôle que lui fait jouer Dom Juan suffisent-ils à transformer cette scène en scène de comédie?

21. Sur l'ensemble du premier acte. — L'exposition et l'action dans cet acte.

— L'épisode de Done Elvire ouvre-t-il la voie à une intrigue possible?

— Le dénouement de la pièce est-il annoncé? Relevez les différentes allusions au châtiment de Dom Juan. A quelle règle du théâtre Molière se conforme-t-il en procédant ainsi?

— Dom Juan vu par Sganarelle, vu par lui-même, vu par Elvire.

— Le rôle de Sganarelle. Le mélange des genres.

ACTE II

La scène se passe à la campagne, au bord de la mer, et non loin de la ville.

Scène première. — CHARLOTTE, PIERROT[1].

CHARLOTTE. — Nostre-dinse[2], Piarrot, tu t'es trouvé là bien à point. (1)

PIERROT. — Parquienne, il ne s'en est pas fallu l'époisseur d'une éplinque[3] qu'ils ne se sayant nayés tous deux.

5 CHARLOTTE. — C'est donc le coup de vent da matin qui les avait renvarsés dans la mar?

PIERROT. — Aga[4], guien, Charlotte, je m'en vas te conter tout fin drait[5] comme cela est venu; car, comme dit l'autre, je les ai le premier avisés[6], avisés le premier je les ai. Enfin
10 donc j'estions sur le bord de la mar, moi et le gros Lucas, et je nous amusions à batifoler avec des mottes de tarre que je nous jesquions à la tête; car, comme tu sais bian, le gros Lucas aime à batifoler, et moi par fouas je batifole itou. En batifolant donc, pisque batifoler y a, j'ai aparçu de tout loin
15 queuque chose qui grouillait dans gliau, et qui venait comme envars nous par secousse. Je voyais cela fixiblement[7], et pis tout d'un coup je voyais que je ne voyais plus rien. « Eh! Lucas, ç'ai-je fait, je pense que vlà des hommes qui nageant

---

1. Molière avait trouvé dans ses modèles l'idée de ces scènes paysannes. Mais il en a transformé les personnages. Au lieu de bergers et de bergères à la mode des pastorales (comme chez Tirso de Molina), il a mis ici de vrais paysans, non pas paysans de Sicile (comme chez Cicognini), mais paysans de l'Ile-de-France. Molière prête à ses villageois un patois qui emprunte des termes au parler des environs de Paris, mais arrangé de façon à rester compréhensible au spectateur citadin. Quant à l'orthographe phonétique par laquelle, dans l'édition de 1682, on a essayé de rendre les déformations comiques de ce jargon, il est évident qu'il n'y faut chercher aucune rigueur scientifique; 2. Déformation voulue, pour ne pas dire « Notre-Dame ». De même plus loin *parquienne* pour « par Dieu », *palsanquienne* pour « par le sang de Dieu », *morguenne* pour « par la mort de Dieu », *jerniguenne*, *jerniquenne* ou *jarniquenne* pour « je renie Dieu »; 3. Épingle, 4. Interjection populaire : regarde. (De l'ancien verbe *agarer*.); 5. Tout à fait droit : très exactement. *Fin*, adjectif pris ici adverbialement, renforce le sens du mot auquel il est joint; 6. *Aviser :* apercevoir (sens familier que Vaugelas réprouve, mais qui a subsisté en français moderne); 7. Semble un amalgame de *fixement* et *visiblement*. Le mot est déjà employé par Cyrano de Bergerac dans une scène paysanne du *Pédant joué*.

QUESTIONS

1. Le genre de comique créé par le patois paysan : Molière a-t-il eu raison de substituer de vrais paysans aux bergers conventionnels de la pastorale?

là-bas. — Voire, ce m'a-t-il fait, t'as été au trépassement
20 d'un chat, t'as la vue trouble. — Palsanquienne, ç'ai-je fait,
je n'ai point la vue trouble : ce sont des hommes. — Point
du tout, ce m'a-t-il fait, t'as la barlue[1]. — Veux-tu gager,
ç'ai-je fait, que je n'ai point la barlue, ç'ai-je fait, et que sont
deux hommes, ç'ai-je fait, qui nageant droit ici? ç'ai-je fait.
25 — Morquenne, ce m'a-t-il fait, je gage que non. — O! çà,
ç'ai-je fait, veux-tu gager dix sols que si? — Je le veux bian,
ce m'a-t-il fait; et pour te montrer, vlà argent su jeu », ce
m'a-t-il fait. Moi, je n'ai point été ni fou, ni étourdi; j'ai brave-
ment bouté à tarre quatre pièces tapées, et cinq sols en doubles[2],
30 jerniguenne, aussi hardiment que si j'avais avalé un varre de
vin; car je ses hazardeux, moi, et je vas à la débandade[3]. Je
savais bian ce que je faisais pourtant. Queuque gniais[4]! Enfin
donc, je n'avons pas putôt eu gagé, que j'avons vu les deux
hommes tout à plain, qui nous faisiant signe de les aller querir;
35 et moi de tirer auparavant les enjeux. « Allons, Lucas, ç'ai-je
dit, tu vois bian qu'ils nous appelont : allons vite à leu secours.
— Non, ce m'a-t-il dit, ils m'ont fait pardre. » O! donc, tanquia
qu'à la parfin, pour le faire court[5], je l'ai tant sarmonné, que
je nous sommes boutés[6] dans une barque, et pis j'avons tant
40 fait cahin caha, que je les avons tirés de gliau, et pis je les
avons menés cheux nous auprès du feu, et pis ils se sant dépouillés
tous nus pour se sécher, et pis il y en est venu encore deux de
la même bande, qui s'equiant sauvés tout seuls, et pis Mathurine est arrivée là, à qui l'en a fait les doux yeux. Vlà justement
45 Charlotte, comme tout ça s'est fait. (2)

CHARLOTTE. — Ne m'as-tu pas dit, Piarrot, qu'il y en a un
qu'est bien pu mieux fait que les autres?

---

1. *Berlue* : « Éblouissement de la vue par une trop grande lumière » (Furetière); 2. Cela
revient à dire que, pour faire les dix sous de l'enjeu, le paysan n'aligne pas moins dix
trente-quatre piécettes; les *pièces tapées* étaient des sous parisis marqués d'une fleur
de lis; ces quatre sous parisis valaient cinq sous tournois. Pour les cinq autres sous, Pierrot
donne des doubles deniers, dont chacun valait un sixième de sou, soit trente doubles;
3. A l'étourdie, comme un soldat qui se jette tête baissée sur l'ennemi, sans se soucier
de garder le rang; 4. Formule elliptique : « Quelque niais... aurait perdu le pari. » Voir
le Tartuffe, II, ɪɪ, v. 576; 5. Pour abréger; 6. *Bouter* : placer, mettre (vieux mot qui
n'était alors resté que dans la langue populaire).

QUESTIONS

2. Les traits du caractère paysan d'après ce récit. Comment la narration
d'un événement dramatique devient-elle comique? — Importance de ce récit
pour le développement de l'action : qu'est devenue l'aventure qui s'annonçait
à la fin du premier acte?

PIERROT. — Oui, c'est le maître. Il faut que ce soit queuque gros, gros Monsieur, car il a du dor à son habit tout depis
50 le haut jusqu'en bas; et ceux qui le servont sont des Monsieux eux-mêmes; et stapandant, tout gros Monsieur qu'il est, il serait, par ma fique[1], nayé, si je n'aviomme été là.

CHARLOTTE. — Ardez[2] un peu.

PIERROT. — O! parquenne, sans nous, il en avait pour sa
55 maine de fèves[3].

CHARLOTTE. — Est-il encore cheux toi tout nu, Piarrot?

PIERROT. — Nannain[4] : ils l'avont rhabillé tout devant nous. Mon quieu, je n'en avais jamais vu s'habiller. Que d'histoires et d'angiorniaux[5] boutont ces Messieus-là les
60 courtisans! Je me pardrais là dedans, pour moi, et j'étais tout ébobi de voir ça. Quien, Charlotte, ils avont des cheveux qui ne tenont point à leu tête; et ils boutont ça après tout[6], comme un gros bonnet de filace. Ils ant des chemises qui ant des manches où j'entrerions tout brandis[7], toi et moi. En
65 glieu d'haut-de-chausses[8], ils portont un garde-robe[9] aussi large que d'ici à Pâques; en glieu de pourpoint, de petites brassières, qui ne leu venont pas usqu'au brichet[10]; et en glieu de rabats, un grand mouchoir de cou à reziau[11], aveuc quatre grosses houppes de linge qui leu pendont sur l'estomaque. Ils avont
70 itou d'autres petits rabats au bout des bras, et de grands entonnois de passement[12] aux jambes, et parmi tout ça tant de rubans, tant de rubans, que c'est une vraie piqué. Ignia pas jusqu'aux souliers qui n'en soiont farcis tout depis un bout jusqu'à l'autre; et ils sont faits d'eune façon que je me romprais le cou aveuc. (3)

1. *Figue* : déformation paysanne de *fi*, pour *foi*. *Par ma fi* dira tout à l'heure Charlotte; 2. Abréviation, populaire plutôt que paysanne, de *agardez* : regardez; 3. *Maine* pour *mine* : mesure contenant six boisseaux. Sans doute proverbe de campagnard : il avait son compte; 4. Déformation de *nenni*, propre à Paris ou à sa région. On disait *Saint-Denin* pour Saint-Denis; 5. Encore un mot du *Pédant joué* : machines compliquées; 6. C'est-à-dire quand ils ont fini de s'habiller; 7. L'expression *tout brandis* se retrouve chez Rabelais, Scarron, le président de Brosses, mais on ignore le sens exact du mot *brandis* : « tels que nous sommes », ou bien « *tout* vifs »; 8. *Haut-de-chausses* : partie du vêtement masculin qui couvre le bas du corps, tandis que le *pourpoint* constitue la partie supérieure du vêtement; 9. *Garde-robe* : tablier; 10. C'était la prononciation parisienne de *bréchet* : jusqu'à l'estomac; 11. *A reziau* : à réseau. Ce terme désigne certaines dentelles; 12. *Passement* : dentelle aux fuseaux (cf. *passementerie*). Ces entonnoirs de dentelle sont les fameux *canons* dont Molière se moque volontiers, comme des autres exagérations propres à la mode masculine de son temps.

— QUESTIONS —

3. Rapprochez cette description des vers 23-40 de *l'Ecole des maris* (I, 1); quelle variation Molière fait-il ici sur le même thème? — Importance de cette description pour « actualiser » Dom Juan aux yeux des spectateurs de 1665.

75 CHARLOTTE. — Par ma fi, Piarrot, il faut que j'aille voir un peu ça.

PIERROT. — O! acoute un peu auparavant, Charlotte : j'ai queuque autre chose à te dire, moi.

CHARLOTTE. — Eh bian! dis, qu'est-ce que c'est?

80 PIERROT. — Vois-tu, Charlotte, il faut, comme dit l'autre, que je débonde mon cœur. Je t'aime, tu le sais bian, et je sommes pour être mariés ensemble; mais marquenne[1], je ne suis point satisfait de toi.

CHARLOTTE. — Quement? qu'est-ce que c'est donc qu'iglia?

85 PIERROT. — Iglia que tu me chagrainges l'esprit, franchement.

CHARLOTTE. — Et quement donc?

PIERROT. — Testiguienne, tu ne m'aimes point.

CHARLOTTE. — Ah! ah! n'est que ça? (4)

PIERROT. — Oui, ce n'est que ça, et c'est bian assez.

90 CHARLOTTE. — Mon quieu, Piarrot, tu me viens toujou dire la même chose.

PIERROT. — Je te dis toujou la même chose, parce que c'est toujou la même chose; et si ce n'était pas toujou la même chose, je ne te dirais pas toujou la même chose.

95 CHARLOTTE. — Mais qu'est-ce qu'il te faut? Que veux-tu?

PIERROT. — Jerniquenne! je veux que tu m'aimes.

CHARLOTTE. — Est-ce que je ne t'aime pas?

PIERROT. — Non, tu ne m'aimes pas; et si[2], je fais tout ce que je pis pour ça : je t'achète, sans reproche, des rubans à
100 tous les marciers qui passont; je me romps le cou à t'aller denicher des marles; je fais jouer pour toi les vielleux quand ce vient ta fête; et tout ça, comme si je me frappais la tête contre un mur. Vois-tu, ça n'est ni biau ni honnête de n'aimer pas les gens qui nous aimont.

105 CHARLOTTE. — Mais, mon guieu, je t'aime aussi.

PIERROT. — Oui, tu m'aimes d'une belle deguaine[3]!

---

1. *Marquenne* et plus loin *morqué* (com ne *morquenne*) : « mort de Dieu ». Plus bas *testiguienne, testiguenne* ou *testigué* : « tête de Dieu ». *Mon quieu* et *mon guieu* : « mon Dieu ». (Jurons atténués pour atténuer le blasphème.); 2. Et pourtant; 3. *Dégaine* : façon. A l'origine la *dégaine* serait la manière de dégainer son épée. Le mot n'aurait donc rien de rustique.

4. Étudiez les répliques de Charlotte pendant tout le début de la scène : quel état d'esprit trahissent-elles?

CHARLOTTE. — Quement veux-tu donc qu'on fasse?

PIERROT. — Je veux que l'en fasse comme l'en fait quand l'en aime comme il faut.

110 CHARLOTTE. — Ne t'aimé-je pas aussi comme il faut?

PIERROT. — Non : quand ça est, ça se voit, et l'en fait mille petites singeries aux personnes quand on les aime du bon du cœur[1]. Regarde la grosse Thomasse, comme elle est assotée[2] du jeune Robain : alle est toujou autour de li à l'agacer, et
115 ne le laisse jamais en repos; toujou al li fait queuque niche ou li baille queuque taloche en passant; et l'autre jour qu'il était assis sur un escabiau, al fut le tirer de dessous li, et le fit choir tout de son long par tarre. Jarni[3]! vlà où l'en voit les gens qui aimont; mais toi, tu ne me dis jamais mot, t'es
120 toujou là comme eune vraie souche de bois; et je passerais vingt fois devant toi, que tu ne te grouillerais pas pour me bailler[4] le moindre coup, ou me dire la moindre chose. Ventre-quenne[5]! ça n'est pas bian, après tout, et t'es trop froide pour les gens.

125 CHARLOTTE. — Que veux-tu que j'y fasse? C'est mon himeur, et je ne me pis refondre.

PIERROT. — Ignia himeur qui queinne. Quand en a de l'ami-quié[6] pour les personnes, l'en en baille toujou queuque petite signifiance.

130 CHARLOTTE. — Enfin je t'aime tout autant que je pis, et si tu n'es pas content de ça, tu n'as qu'à en aimer queuque autre.

PIERROT. — En bien! vlà pas mon compte. Testigué! si tu m'aimais, me dirais-tu ça?

135 CHARLOTTE. — Pourquoi me viens-tu aussi tarabuster l'esprit?

PIERROT. — Morqué! queu mal te fais-je? Je ne te demande qu'un peu d'amiquié.

CHARLOTTE. — En bian! laisse faire aussi, et ne me presse point tant. Peut être que ça viendra tout d'un coup sans y
140 songer.

---

1. « Et du bon de mon cœur à cela je m'engage », dit Acaste dans *le Misanthrope* (III, I). On dit encore : du meilleur de mon cœur; 2. *Assotée* : éprise jusqu'à la sottise; 3. Abréviation de *jarniguenne* : « je renie Dieu »; 4. *Bailler* : donner. Le mot paraît déjà vieilli à Vaugelas en 1647 et n'appartient plus au beau langage; 5. Ventre de Dieu; 6. Voir page 37, note 1.

PIERROT. — Touche donc là[1], Charlotte.

CHARLOTTE. — Hé bien! quien.

PIERROT. — Promets-moi donc que tu tâcheras de m'aimer davantage.

145 CHARLOTTE. — J'y ferai tout ce que je pourrai, mais il faut que ça vienne de lui-même. Pierrot, est-ce là ce Monsieur? **(5)**

PIERROT. — Oui, le vlà.

CHARLOTTE. — Ah! mon quieu, qu'il est genti[2], et que ç'aurait été dommage qu'il eût été nayé!

150 PIERROT. — Je revians tout à l'heure[3] : je m'en vas boire chopaine, pour me rebouter[4] tant soit peu de la fatigue que j'ais eue. **(6)**

Scène II. — DOM JUAN, SGANARELLE, CHARLOTTE *(dans le fond du théâtre)*.

DOM JUAN. — Nous avons manqué notre coup, Sganarelle, et cette bourrasque imprévue a renversé avec notre barque le projet que nous avions fait; mais, à te dire vrai, la paysanne que je viens de quitter répare ce malheur, et je lui ai trouvé 5 des charmes qui effacent de mon esprit tout le chagrin que me donnait le mauvais succès[5] de notre entreprise. Il ne faut pas que ce cœur m'échappe, et j'y ai déjà jeté des dispositions à ne pas me souffrir longtemps de pousser des soupirs[6].

SGANARELLE. — Monsieur, j'avoue que vous m'étonnez. 10 A peine sommes-nous échappés d'un péril de mort, qu'au lieu de rendre grâce au Ciel de la pitié qu'il a daigné prendre de nous, vous travaillez tout de nouveau à attirer sa colère par vos fantaisies accoutumées et vos amours cr...[7] *(Dom*

---

1. *Toucher, toucher là, toucher dans la main* : donner une poignée de main en signe de réconciliation ou d'engagement; 2. *Gentil* : plein de noblesse; 3. *Tout à l'heure* : tout de suite; 4. *Rebouter* : remettre; 5. *Succès* : issue. Le mot a généralement besoin, au XVIIᵉ siècle, d'un adjectif qui le qualifie; 6. A ne pas supporter longtemps que je pousse des soupirs; 7. Sganarelle n'achève pas le mot *criminelles*; une fois de plus, sa vertu cède à la peur, et il apaise lâchement son maître.

———— QUESTIONS ————

5. Quel thème traditionnel est exploité par Molière dans cette querelle d'amour entre Pierrot et Charlotte? Comment est-il adapté aux personnages? Cette dispute forme-t-elle un simple intermède ou a-t-elle son utilité au point de vue de l'action?

6. Cette sortie de Pierrot a-t-elle un motif vraisemblable?

Juan prend un air menaçant.) Paix! coquin que vous êtes!
15 vous ne savez ce que vous dites, et Monsieur sait ce qu'il fait.
Allons.

DOM JUAN, *apercevant Charlotte.* — Ah! ah! d'où sort cette
autre paysanne, Sganarelle? As-tu rien vu de plus joli? et ne
trouves-tu pas, dis-moi, que celle-ci vaut bien l'autre? **(7)**

20 SGANARELLE. — Assurément. *(A part.)* Autre pièce[1] nouvelle.

DOM JUAN, *à Charlotte.* — D'où me vient, la belle, la
rencontre si agréable? Quoi? dans ces lieux champêtres, parmi
ces arbres et ces rochers, on trouve des personnes faites comme
vous êtes?

25 CHARLOTTE. — Vous voyez, Monsieur.

DOM JUAN. — Êtes-vous de ce village?

CHARLOTTE. — Oui, Monsieur.

DOM JUAN. — Et vous y demeurez?

CHARLOTTE. — Oui, Monsieur.

30 DOM JUAN. — Vous vous appelez?

CHARLOTTE. — Charlotte, pour vous servir.

DOM JUAN. — Ah! la belle personne, et que ses yeux sont
pénétrants!

CHARLOTTE. — Monsieur, vous me rendez toute honteuse.

35 DOM JUAN. — Ah! n'ayez point de honte d'entendre dire
vos vérités. Sganarelle, qu'en dis-tu? Peut-on rien voir de
plus agréable? Tournez-vous un peu, s'il vous plaît. Ah!
que cette taille est jolie! Haussez un peu la tête, de grâce.
Ah! que ce visage est mignon! Ouvrez vos yeux entièrement.
40 Ah! qu'ils sont beaux! Que je voie un peu vos dents, je vous
prie. Ah! qu'elles sont amoureuses[2], et ces lèvres appétissantes!
Pour moi, je suis ravi, et je n'ai jamais vu une si charmante
personne.

CHARLOTTE. — Monsieur, cela vous plaît à dire, et je ne
45 sais pas si c'est pour vous railler de moi.

---

1. *Pièce* : mauvais tour que l'on joue à quelqu'un; 2. Le mot est alors d'un très large
emploi : qui mérite l'amour, charmant. Voir *le Misanthrope* (I, II) : « La chute en est
jolie, amoureuse, admirable. »

■——— QUESTIONS ———

7. Cette facilité à oublier les échecs et cette vivacité dans les impressions
nouvelles étaient-elles prévisibles chez Dom Juan? Ces traits le rendent-ils
plus sympathique ou plus odieux?

DOM JUAN. — Moi, me railler de vous? Dieu m'en garde! Je vous aime trop pour cela, et c'est du fond du cœur que je vous parle.

CHARLOTTE. — Je vous suis bien obligée, si ça est. (8)

50   DOM JUAN. — Point du tout; vous ne m'êtes point obligée de tout ce que je dis, et ce n'est qu'à votre beauté que vous en êtes redevable.

CHARLOTTE. — Monsieur, tout ça est trop bien dit pour moi, et je n'ai pas d'esprit pour vous répondre.

55   DOM JUAN. — Sganarelle, regarde un peu ses mains.

CHARLOTTE. — Fi! Monsieur, elles sont noires comme je ne sais quoi.

DOM JUAN. — Ha! que dites-vous là? Elles sont les plus belles du monde; souffrez que je les baise, je vous prie.

60   CHARLOTTE. — Monsieur, c'est trop d'honneur que vous me faites, et si j'avais su ça tantôt, je n'aurais pas manqué de les laver avec du son. (9)

DOM JUAN. — Et dites-moi un peu, belle Charlotte, vous n'êtes pas mariée, sans doute?

65   CHARLOTTE. — Non, Monsieur; mais je dois bientôt l'être avec Piarrot, le fils de la voisine Simonette.

DOM JUAN. — Quoi? une personne comme vous serait la femme d'un simple paysan! Non, non : c'est profaner tant de beautés, et vous n'êtes pas née pour demeurer dans un 70 village. Vous méritez sans doute une meilleure fortune, et le Ciel, qui le connaît[1] bien, m'a conduit ici tout exprès pour empêcher ce mariage, et rendre justice à vos charmes; car enfin, belle Charlotte, je vous aime de tout mon cœur, et il ne tiendra qu'à vous que je vous arrache de ce misérable lieu,

---

1. Le *sait* bien.

━━━━ QUESTIONS ━━━━

8. Les procédés de séduction de Dom Juan : seraient-ils les mêmes s'il avait à séduire une femme du monde, et sa tâche serait-elle alors plus facile ou plus difficile? — L'attitude de Charlotte : est-il vraisemblable qu'elle ait abandonné le patois? Quelle impression veut-elle faire?

9. L'habileté de ce baisemain : Charlotte en apprécie-t-elle toute la valeur? Comment expliquer que Dom Juan, si raffiné, se contraigne à un geste qui doit le dégoûter profondément?

75 et ne[1] vous mette dans l'état où vous méritez d'être. Cet amour
est bien prompt sans doute; mais quoi? c'est un effet, Charlotte,
de votre grande beauté, et l'on vous aime autant en un quart
d'heure, qu'on ferait[2] une autre en six mois.

CHARLOTTE. — Aussi vrai[3], Monsieur, je ne sais comment
80 faire quand vous parlez. Ce que vous dites me fait aise, et
j'aurais toutes les envies du monde de vous croire; mais on
m'a toujou dit qu'il ne faut jamais croire les Monsieux[4], et
que vous autres courtisans êtes des enjôleux, qui ne songez
qu'à abuser[5] les filles.

85 DOM JUAN. — Je ne suis pas de ces gens-là.

SGANARELLE, *à part*. — Il n'a garde.

CHARLOTTE. — Voyez-vous, Monsieur, il n'y a pas plaisir
à se laisser abuser. Je suis une pauvre paysanne; mais j'ai
l'honneur en recommandation[6], et j'aimerais mieux me voir
90 morte, que de me voir déshonorée.

DOM JUAN. — Moi, j'aurais l'âme assez méchante pour
abuser une personne comme vous? Je serais assez lâche pour
vous déshonorer? Non, non : j'ai trop de conscience pour
cela. Je vous aime, Charlotte, en tout bien et en tout honneur;
95 et pour vous montrer que je vous dis vrai, sachez que je n'ai
point d'autre dessein que de vous épouser : en voulez-vous
un plus grand témoignage? M'y voilà prêt quand vous voudrez; et je prends à témoin l'homme que voilà de la parole
que je vous donne.

100 SGANARELLE. — Non, non, ne craignez point : il se mariera
avec vous tant que vous voudrez.

DOM JUAN. — Ah! Charlotte, je vois bien que vous ne me
connaissez pas encore. Vous me faites grand tort de juger
de moi par les autres; et s'il y a des fourbes dans le monde,
105 des gens qui ne cherchent qu'à abuser des filles, vous devez

---

1. Cette négligence a été corrigée dans l'édition de 1734 : « et que je vous mette »;
2. Emploi courant du verbe *faire* dans la langue classique, pour éviter la répétition d'un
autre verbe employé précédemment; 3. Abréviation, sans doute, de l'expression populaire : « aussi vrai que je vous le dis »; 4. Ce pluriel est évidemment incorrect (au lieu de
messieurs); quant à l'orthographe de la finale en *eux* (qu'on retrouve à la ligne suivante
dans *enjoleux*), elle n'était pas seulement paysanne ou populaire : le père Bouhours
admettra encore *menteux*, *flatteux*, etc., que pourtant condamnaient certains puristes;
5. *Abuser* : séduire; 6. Avoir une chose *en recommandation* : la considérer comme très
recommandable.

me tirer du nombre, et ne pas mettre en doute la sincérité de
ma foi[1]. Et puis votre beauté vous assure de tout[2]. Quand on
est faite comme vous, on doit être à couvert de toutes ces sortes
de crainte; vous n'avez point l'air, croyez-moi, d'une personne
110 qu'on abuse; et pour moi, je l'avoue, je me percerais le cœur
de mille coups, si j'avais eu la moindre pensée de vous trahir.

CHARLOTTE. — Mon Dieu! je ne sais si vous dites vrai, ou
non; mais vous faites que l'on vous croit. **(10)**

DOM JUAN. — Lorsque vous me croirez, vous me rendrez
115 justice assurément, et je vous réitère encore la promesse que
je vous ai faite. Ne l'acceptez-vous pas, et ne voulez-vous pas
consentir à être ma femme?

CHARLOTTE. — Oui, pourvu que ma tante le veuille.

DOM JUAN. — Touchez donc là[3], Charlotte, puisque vous
120 le voulez bien de votre part.

CHARLOTTE. — Mais au moins, Monsieur, ne m'allez pas
tromper, je vous prie : il y aurait de la conscience[4] à vous,
et vous voyez comme j'y vais à la bonne foi[5].

DOM JUAN. — Comment? Il semble que vous doutiez encore
125 de ma sincérité! Voulez-vous que je fasse des serments épou-
vantables? Que le Ciel...

CHARLOTTE. — Mon Dieu, ne jurez point, je vous crois.

DOM JUAN. — Donnez-moi donc un petit baiser pour gage
de votre parole.

130 CHARLOTTE. — Oh! Monsieur, attendez que je soyons mariés,
je vous prie; après ça, je vous baiserai tant que vous voudrez.

DOM JUAN. — Eh bien! belle Charlotte, je veux tout ce que
vous voulez; abandonnez-moi seulement votre main, et souffrez

---

1. De ma parole; 2. Doit vous rassurer sur toutes choses; 3. Voir page 47, note 1;
4. Ce serait un cas de conscience; 5. De bonne foi.

——— **QUESTIONS** ———

10. Le style et le ton de Dom Juan dans cette deuxième étape de la séduction : joue-t-il bien son rôle d'amoureux sincère? Montrez qu'il prend un
plaisir de dilettante à la fourberie. — Les sentiments de Charlotte : comparez
son ingénuité à celle d'Agnès dans *l'Ecole des femmes*. Sa naïveté est-elle
parfaitement pure, ou calculée, du moins en partie?

que, par mille baisers, je lui exprime le ravissement où je
135 suis[1]... **(11) (12)**

Scène III. — DOM JUAN, SGANARELLE, PIERROT, CHARLOTTE.

PIERROT, *se mettant entre deux et poussant Dom Juan.* —
Tout doucement, Monsieur, tenez-vous[2], s'il vous plaît. Vous
vous échauffez trop, et vous pourriez gagner la puresie.

DOM JUAN, *repoussant rudement Pierrot.* — Qui[3] m'amène
5 cet impertinent?

PIERROT, *se remettant entre Dom Juan et Charlotte.* — Je
vous dis qu'ou vous tegniez, et qu'ou ne caressiez point nos
accordées[4].

DOM JUAN *continue de le repousser.* — Ah! que de bruit!

10 PIERROT. — Jerniquenne! ce n'est pas comme ça qu'il faut
pousser les gens.

CHARLOTTE, *prenant Pierrot par le bras.* — Et laisse-le faire
aussi, Piarrot.

PIERROT. — Quement? que je le laisse faire? Je ne veux pas,
15 moi.

DOM JUAN. — Ah!

PIERROT. — Testiguenne! parce qu'ous êtes Monsieu, ous
viendrez caresser nos femmes à note barbe? Allez-v's-en caresser les vôtres.

---

1. Le Dom Juan de Dorimond avec la bergère Amarante et surtout le Dom Juan de
Villiers avec Oriane et Bélinde n'y mettent pas tant de façons; 2. Retenez-vous; 3. Voir
page 28, note 1; 4. Celles qui nous sont accordées. (Les *accordailles* précédaient les fian-
çailles.) Plus loin, il dira *nos femmes.* Ces pluriels emphatiques révèlent peut-être chez
Pierrot un désir instinctif de prendre la défense de tous les paysans contre les insolences
de la noblesse.

--- **QUESTIONS** ---

11. Quels sont les arguments décisifs de Dom Juan? Montrez que sa
prudence persiste jusqu'au bout. — Pourquoi Charlotte croit-elle de son côté
avoir gagné la partie?

12. SUR L'ENSEMBLE DE LA SCÈNE II. — Les éléments traditionnels dans
cette scène entre le grand seigneur et la bergère (voir déjà les pastourelles
du Moyen Age).

— Le caractère de Charlotte : montrez que Molière sait donner leur vérité
humaine même à des personnages secondaires.

— Dom Juan peut-il être fier de sa victoire?

20 DOM JUAN. — Heu?

PIERROT. — Heu. *(Dom Juan lui donne un soufflet.)* Testigué!
ne me frappez pas. *(Autre soufflet.)* Oh! jernigué! *(Autre
soufflet.)* Ventrequé! *(Autre soufflet.)* Palsanqué! Morquenne[1]!
ça n'est pas bian de battre les gens, et ce n'est pas là la récom-
25 pense de v's avoir sauvé d'être nayé[2]. (13)

CHARLOTTE. — Piarrot, ne te fâche point.

PIERROT. — Je me veux fâcher; et t'es une vilaine, toi, d'en-
durer qu'on te cajole.

CHARLOTTE. — Oh! Piarrot, ce n'est pas ce que tu penses.
30 Ce Monsieur veut m'épouser, et tu ne dois pas te bouter[3]
en colère.

PIERROT. — Quement? Jerni! tu m'es promise. — *performatif.*

CHARLOTTE. — Ça n'y fait rien, Piarrot. Si tu m'aimes, ne
dois-tu pas être bien aise que je devienne Madame?

35 PIERROT. — Jerniqué! non. J'aime mieux donc voir crevée que
de te voir à un autre.

CHARLOTTE. — Va, va, Piarrot, ne te mets point en peine :
si je sis Madame, je te ferai gagner queuque chose, et tu appor-
teras du beurre et du fromage cheux nous.

40 PIERROT. — Ventrequenne! je gni en porterai jamais, quand
tu m'en poyrais deux fois autant. Est-ce donc comme ça que
t'écoutes ce qu'il te dit? Morquenne! si j'avais su ça tantôt,
je me serais bian gardé de le tirer de gliau, et je gli aurais baillé[4]
un bon coup d'aviron sur la tête. (14)

45 DOM JUAN, *s'approchant de Pierrot pour le frapper.* — Qu'est-ce
que vous dites?

_____

1. On a vu tous ces jurons, sous une forme semblable ou analogue, à la scène première
(voir p. 42, note 2 et p. 45, note 1); 2. Molière a eu le premier l'idée de faire du
même homme le sauveur de Dom Juan et sa victime : c'était lier la scène du naufrage
aux scènes de séduction qui, dans ses modèles, la suivaient sans s'y rattacher par rien;
3. *Bouter* : voir page 43, note 6; 4. *Bailler* : voir page 46, note 4.

──────── QUESTIONS ────────

13. Pourquoi faire tourner très vite à la farce la rencontre de Dom Juan
et de Pierrot? Imaginez une manière plus pathétique de concevoir cette
rencontre.

14. L'attitude de Charlotte, paysanne qui se croit parvenue, est-elle dans
la logique de sa condition et de son caractère? Contribue-t-elle à faire plaindre
Pierrot?

PIERROT, *s'éloignant derrière Charlotte.* — Jerniquenne! je ne crains parsonne.

DOM JUAN, *passe du côté où est Pierrot.* — Attendez-moi
50 un peu.

PIERROT, *repasse de l'autre côté de Charlotte.* — Je me moque de tout, moi.

DOM JUAN, *court après Pierrot.* — Voyons cela.

PIERROT *se sauve encore derrière Charlotte.* — J'en avons
55 bien vu d'autres.

DOM JUAN. — Houais!

SGANARELLE. — Eh! Monsieur, laissez là ce pauvre misérable. C'est conscience[1] de le battre. *(A Pierrot, en se mettant entre lui et Dom Juan.)* Écoute, mon pauvre garçon, retire-toi
60 et ne lui dis rien.

PIERROT *passe devant Sganarelle, et dit fièrement à Dom Juan.* — Je veux lui dire, moi!

DOM JUAN *lève la main pour donner un soufflet à Pierrot, qui baisse la tête, et Sganarelle reçoit le soufflet.* — Ah! je vous
65 apprendrai.

SGANARELLE, *regardant Pierrot qui s'est baissé pour éviter le soufflet.* — Peste soit du maroufle[2]!

DOM JUAN, *à Sganarelle.* — Te voilà payé de ta charité.

PIERROT. — Jarni! je vas dire à sa tante tout ce ménage-ci[3]. **(15)**

70 DOM JUAN, *à Charlotte.* — Enfin je m'en vais être le plus heureux de tous les hommes, et je ne changerais pas mon bonheur à[4] toutes les choses du monde. Que de plaisirs quand vous serez ma femme! et que... **(16)**

---

1. Voir page 51, note 4; **2.** *Maroufle*, comme son synonyme « maraud », vieux mot qu'emploie volontiers Molière : grossier, coquin; **3.** *Ménage :* manière de conduire une maison, puis, comme ici, une affaire; façon d'agir; **4.** Construction courante au XVIIe siècle. Mais l'édition de 1734 croit devoir corriger : *contre* toutes les choses...

——————— **QUESTIONS** ———————

15. Sur quel genre de comique se termine la scène? Le rôle de Sganarelle dans ce jeu.

16. SUR L'ENSEMBLE DE LA SCÈNE III. — Comment se complète ici le portrait de Dom Juan? Le spectateur de 1665 voyait-il dans cette scène une satire sociale, faisant du paysan la touchante victime du grand seigneur? Et le spectateur moderne?

— Le comique de farce et la vérité humaine dans cette scène.

Scène IV. — DOM JUAN, SGANARELLE, CHARLOTTE, MATHURINE.

SGANARELLE, *apercevant Mathurine.* — Ah! ah! **(17)**

MATHURINE, *à Dom Juan.* — Monsieur, que faites-vous donc là avec Charlotte? Est-ce que vous lui parlez d'amour aussi?

DOM JUAN, *bas à Mathurine.* — Non, au contraire, c'est elle 5 qui me témoignait une envie d'être ma femme, et je lui répondais que j'étais engagé à vous[1].

CHARLOTTE, *à Dom Juan.* — Qu'est-ce que c'est donc que vous veut Mathurine?

DOM JUAN, *bas à Charlotte.* — Elle est jalouse de me voir 10 vous parler, et voudrait bien que je l'épousasse; mais je lui dis que c'est vous que je veux.

MATHURINE. — Quoi? Charlotte...

DOM JUAN, *bas à Mathurine.* — Tout ce que vous lui direz sera inutile; elle s'est mis cela dans la tête.

15 CHARLOTTE. — Quement donc! Mathurine...

DOM JUAN, *bas à Charlotte.* — C'est en vain que vous lui parlerez; vous ne lui ôterez point cette fantaisie[2].

MATHURINE. — Est-ce que...?

DOM JUAN, *bas à Mathurine.* — Il n'y a pas moyen de lui 20 faire entendre raison.

CHARLOTTE. — Je voudrais...

DOM JUAN, *bas à Charlotte.* — Elle est obstinée comme tous les diables.

MATHURINE. — Vrament...

25 DOM JUAN, *bas à Mathurine.* — Ne lui dites rien, c'est une folle.

CHARLOTTE. — Je pense...

DOM JUAN, *bas à Charlotte.* — Laissez-la là, c'est une extravagante.

---

1. Voir page 32, note 3; **2.** *Fantaisie :* non pas désir capricieux, mais au sens vieilli d' « idée imaginaire, d'illusion ».

——— **QUESTIONS** ———————————————————

17. Est-on préparé au rebondissement de l'action que constitue l'arrivée de Mathurine?

30   MATHURINE. — Non, non : il faut que je lui parle.

CHARLOTTE. — Je veux voir un peu ses raisons.

MATHURINE. — Quoi?...

DOM JUAN, *bas à Mathurine*. — Je gage qu'elle va vous dire que je lui ai promis de l'épouser.

35   CHARLOTTE. — Je...

DOM JUAN, *bas à Charlotte*. — Gageons qu'elle vous soutiendra que je lui ai donné parole de la prendre pour femme.

MATHURINE. — Holà! Charlotte, ça n'est pas bien de courir sur le marché[1] des autres.

40   CHARLOTTE. — Ça n'est pas honnête, Mathurine, d'être jalouse que Monsieur me parle.

MATHURINE. — C'est moi que Monsieur a vue la première.

CHARLOTTE. — S'il vous a vue la première, il m'a vue la seconde, et m'a promis de m'épouser.

45   DOM JUAN, *bas à Mathurine*. — Eh bien! que vous ai-je dit?

MATHURINE, *à Charlotte*. — Je vous baise les mains[2], c'est moi, et non pas vous, qu'il a promis d'épouser.

DOM JUAN, *bas à Charlotte*. — N'ai-je pas deviné?

CHARLOTTE. — A d'autres[3], je vous prie; c'est moi, vous 50 dis-je.

MATHURINE. — Vous vous moquez des gens; c'est moi, encore un coup.

CHARLOTTE. — Le vlà qui est pour[4] le dire, si je n'ai pas raison.

55   MATHURINE. — Le vlà qui est pour me démentir, si je ne dis pas vrai.

CHARLOTTE. — Est-ce, Monsieur, que vous lui avez promis de l'épouser?

DOM JUAN, *bas à Charlotte*. — Vous vous raillez de moi.

60   MATHURINE. — Est-il vrai, Monsieur, que vous lui avez donné parole d'être son mari?

DOM JUAN, *bas à Mathurine*. — Pouvez-vous avoir cette pensée?

---

1. Enchérir sur un marché conclu par un autre, essayer de le supplanter; 2. Formule pour prendre congé. Équivaut ici à une vive dénégation : allez vous promener; 3. Adressez vous *à d'autres*, plus crédules; 4. Est capable de.

CHARLOTTE. — Vous voyez qu'al le soutient.

65 DOM JUAN, *bas à Charlotte*. — Laissez-la faire.

MATHURINE. — Vous êtes témoin comme al l'assure.

DOM JUAN, *bas à Mathurine*. — Laissez-la dire.

CHARLOTTE. — Non, non : il faut savoir la vérité.

MATHURINE. — Il est question de juger ça.

70 CHARLOTTE. — Oui, Mathurine, je veux que Monsieur vous montre votre bec jaune[1].

MATHURINE. — Oui, Charlotte, je veux que Monsieur vous rende un peu camuse[2].

CHARLOTTE. — Monsieur, videz la querelle, s'il vous plaît.

75 MATHURINE. — Mettez-nous d'accord, Monsieur.

CHARLOTTE, *à Mathurine*. — Vous allez voir.

MATHURINE, *à Charlotte*. — Vous allez voir vous-même.

CHARLOTTE, *à Dom Juan*. — Dites.

MATHURINE, *à Dom Juan*. — Parlez. (18)

80 DOM JUAN, *embarrassé, leur dit à toutes deux* : — Que voulez-vous que je dise ? Vous soutenez également toutes deux que je vous ai promis de vous prendre pour femmes. Est-ce que chacune de vous ne sait pas ce qui en est, sans qu'il soit nécessaire que je m'explique davantage ? Pourquoi m'obliger là-dessus
85 à des redites ? Celle à qui j'ai promis effectivement n'a-t-elle pas en elle-même de quoi se moquer des discours de l'autre, et doit-elle se mettre en peine, pourvu que j'accomplisse ma promesse ? Tous les discours n'avancent point les choses ; il faut faire et non pas dire, et les effets[3] décident mieux que les
90 paroles. Aussi n'est-ce rien[4] que par là que je vous veux mettre d'accord, et l'on verra, quand je me marierai, laquelle des deux

---

1. Les jeunes oiseaux ont le tour du *bec jaune*. Dès le XIIIe siècle, on trouve ces mots employés comme symbole d'*inexpérience puérile* et de *sottise;* 2. *Camus :* qui a le nez court et plat, comme si on lui avait donné un coup de poing sur le nez, d'où, au figuré, « penaud »; la même image se retrouve dans les expressions : *donner sur le nez à quelqu'un,* ou encore *se casser le nez;* 3. *Effet :* résultat; 4. Ce *rien,* qui s'ajoute inutilement à *rie... que* — faute condamnée par Vaugelas — se retrouve souvent dans Molière, par exemple dans *l'Ecole des femmes* (IV, IV, v. 1128) : « Vous n'avez rien qu'à dire. »

— QUESTIONS —

18. Expliquez le mécanisme du jeu comique dans cette scène. Comparez-le avec la scène IV de l'acte IV de *l'Avare* (maître Jacques entre Cléante et Harpagon). — Le développement et le mouvement du dialogue : comment Dom Juan tente-t-il d'éviter le moment de l'explication décisive ? Y parvient-il ?

a mon cœur. *(Bas à Mathurine :)* Laissez-lui croire ce qu'elle
voudra. *(Bas à Charlotte :)* Laissez-la se flatter dans son
imagination. *(Bas à Mathurine :)* Je vous adore. *(Bas à Char-*
95 *lotte :)* Je suis tout à vous. *(Bas à Mathurine :)* Tous les visages
sont laids auprès du vôtre. *(Bas à Charlotte :)* On ne peut
plus souffrir les autres quand on vous a vue. J'ai un petit
ordre à donner ; je viens vous retrouver dans un quart d'heure.
(Il sort.)

100 CHARLOTTE, *à Mathurine.* — Je suis celle qu'il aime, au moins.

MATHURINE, *à Charlotte.* — C'est moi qu'il épousera. **(19)**

SGANARELLE. — Ah ! pauvres filles que vous êtes, j'ai pitié
de votre innocence, et je ne puis souffrir de vous voir courir
à votre malheur. Croyez-moi l'une et l'autre : ne vous amusez
105 point à tous les contes qu'on vous fait, et demeurez dans votre
village.

DOM JUAN, *revenant.* — Je voudrais bien savoir pourquoi
Sganarelle ne me suit pas.

SGANARELLE, *à ces filles.* — Mon maître est un fourbe ;
110 il n'a dessein que de vous abuser, et en a bien abusé d'autres ;
c'est l'épouseur du genre humain, et... *(Il aperçoit Dom Juan.)*
Cela est faux ; et quiconque vous dira cela, vous lui devez dire
qu'il en a menti. Mon maître n'est point l'épouseur du genre
humain, il n'est point fourbe, il n'a pas dessein de vous tromper
115 et n'en a point abusé d'autres. Ah ! tenez, le voilà ; demandez-le
plutôt à lui-même.

DOM JUAN, *regardant Sganarelle et le soupçonnant d'avoir
parlé.* — Oui.

SGANARELLE. — Monsieur, comme le monde est plein de
120 médisants, je vais au-devant des choses ; et je leur disais que
si quelqu'un leur venait dire du mal de vous, elles se gardassent
bien de le croire, et ne manquassent pas de lui dire qu'il en
aurait menti.

DOM JUAN. — Sganarelle !

125 SGANARELLE, *à Charlotte et à Mathurine.* — Oui, Monsieur
est homme d'honneur, je le garantis tel.

---

1. *S'amuser* : se laisser distraire, se laisser tromper.

─────── QUESTIONS ───────

19. De quel genre de supériorité Dom Juan tente-t-il de profiter pour
convaincre les deux paysannes en même temps ? Réussit-il à gagner la partie

Phot. Bernand.

« Que voulez-vous que je dise ? » (Page 57, ligne 80.)

JEAN VILAR (Dom Juan) entre CHRISTIANE MINNAZOLI (Charlotte)
et ZANIE CAMPAN (Mathurine).

Théâtre national populaire (1952).

Phot. Bernand.

« Ah! pauvres filles que vous êtes... » (Page 58, ligne 102.)

FERNAND LEDOUX (Sganarelle) entre **MICHELINE BOUDET**
(Mathurine) et **NELLY VIGNON** (Charlotte).

Comédie-Française (1951).

egalité

DOM JUAN. — Hon!

SGANARELLE. — Ce sont des impertinents. (20) (21)

Scène V. — DOM JUAN, LA RAMÉE, CHARLOTTE,
MATHURINE, SGANARELLE.

LA RAMÉE, *bas à Dom Juan.* — Monsieur, je viens vous
avertir qu'il ne fait pas bon ici pour vous.

DOM JUAN. — Comment?

LA RAMÉE. — Douze hommes à cheval vous cherchent,
5 qui doivent arriver ici dans un moment; je ne sais pas par
quel moyen ils peuvent vous avoir suivi; mais j'ai appris cette
nouvelle d'un paysan qu'ils ont interrogé, et auquel ils vous
ont dépeint. L'affaire presse, et le plus tôt que vous pourrez
sortir d'ici sera le meilleur.

10 DOM JUAN, *à Charlotte et Mathurine.* — Une affaire pres-
sante m'oblige de partir d'ici; mais je vous prie de vous ressouvenir de la parole que je vous ai donnée, et de croire que vous
aurez de mes nouvelles avant qu'il soit demain au soir. (*Charlotte et Mathurine s'éloignent.*) Comme la partie n'est pas
15 égale, il faut user de stratagème, et éluder[1] adroitement le
malheur qui me cherche (22). Je veux que Sganarelle se revête
de mes habits[2], et moi...

SGANARELLE. — Monsieur, vous vous moquez. M'exposer
à être tué sous vos habits, et...

1. *Eluder :* éviter. L'emploi du mot était plus large qu'aujourd'hui; 2. Cicognini,
Dorimond et Villiers avaient montré Dom Juan troquant son habit contre celui de son
valet. Molière retient ici l'idée, pour finir son deuxième acte par quelques répliques
plaisantes, mais n'en fait ensuite, comme on va voir, aucun usage. C'est qu'il a trouvé,
pour l'acte suivant, beaucoup mieux.

——— QUESTIONS ———

20. Cette fin de scène modifie-t-elle la situation? Quel trait de caractère
de Sganarelle est ici confirmé? Cherchez dans l'acte premier une situation
où Sganarelle se trouve déjà obligé de céder de même façon.
21. Sur l'ensemble de la scène IV. — Dans la pièce de Villiers, Dom Juan,
qui se trouvait également devant deux paysannes, les courtisait en même
temps avec cynisme, et elles ne songeaient qu'à le fuir : quelle modification
Molière a-t-il apportée à son modèle et quel parti en a-t-il tiré?
— Le séducteur peut-il avoir l'impression d'avoir remporté une victoire?
22. Par quel moyen Molière fait-il avancer l'action? Comparez cette
transition à celle qui permet de passer du premier au deuxième acte. —
Devine-t-on qui peuvent être ces douze hommes, qui poursuivent Dom Juan?

changer les habits

20 DOM JUAN. — Allons vite, c'est trop d'honneur que je vou
fais, et bien heureux est le valet qui peut avoir la gloire d
mourir pour son maître.

SGANARELLE. — Je vous remercie d'un tel honneur. *(Seul.*
O Ciel, puisqu'il s'agit de mort, fais-moi la grâce de n'êtr
25 point pris pour un autre! **(23) (24)**

ACTE III

Le théâtre représente une forêt, proche de la mer, et dans l
voisinage de la ville.

SCÈNE PREMIÈRE. — DOM JUAN, *en habit de campagne*,
SGANARELLE, *en médecin.*

SGANARELLE. — Ma foi, Monsieur, avouez que j'ai eu raison
et que nous voilà l'un et l'autre déguisés à merveille. Votr
premier dessein n'était point du tout à propos, et ceci nou
cache bien mieux que tout ce que vous vouliez faire.

5 DOM JUAN. — Il est vrai que te voilà bien, et je ne sais o
tu as été déterrer cet attirail ridicule.

SGANARELLE. — Oui? C'est l'habit d'un vieux médecin
qui a été laissé en gage au lieu où je l'ai pris, et il m'en a coût
de l'argent pour l'avoir. Mais savez-vous, Monsieur, que ce
10 habit me met déjà en considération, que je suis salué des gen
que je rencontre, et que l'on me vient consulter ainsi qu'un
habile[1] homme? **(1)**

DOM JUAN. — Comment donc?

---

1. *Habile* : docte et savant.

--- **QUESTIONS** ---

23. Sganarelle et l'héroïsme : en quoi le personnage est-il ici traditionnel

24. SUR L'ENSEMBLE DE L'ACTE II. — L'épisode des paysans peut-il êtr
considéré comme une comédie dans la comédie? En quoi se relie-t-il cepen
dan à l'ensemble de l'action?

— Les éléments comiques de la farce paysanne.

— Cet acte offre la seule occasion où l'on voit Dom Juan exercer son ar
de la séduction : quelle est l'intention de Molière en le montrant face à de
paysannes?

1. La modification apportée au déguisement prévu à la fin de l'acte précé
dent est-elle importante aussi bien pour Sganarelle que pour Dom Juan?

encore il change d'identité

SGANARELLE. — Cinq ou six paysans et paysannes, en me
15 voyant passer, me sont venus demander mon avis sur différentes maladies.

DOM JUAN. — Tu leur as répondu que tu n'y entendais rien?

SGANARELLE. — Moi? Point du tout. J'ai voulu soutenir
l'honneur de mon habit : j'ai raisonné sur le mal, et leur ai
20 fait des ordonnances à chacun.

DOM JUAN. — Et quels remèdes encore leur as-tu ordonnés?

SGANARELLE. — Ma foi! Monsieur, j'en ai pris par où j'en
ai pu attraper; j'ai fait mes ordonnances à l'aventure, et ce
serait une chose plaisante si les malades guérissaient, et qu'on
25 m'en vînt remercier.

DOM JUAN. — Et pourquoi non? Par quelle raison n'aurais-tu
pas les mêmes privilèges qu'ont tous les autres médecins?
Ils n'ont pas plus de part que toi aux guérisons des malades,
et tout leur art est pure grimace[1]. Ils ne font rien que recevoir
30 la gloire des heureux succès, et tu peux profiter comme eux
du bonheur du malade, et voir attribuer à tes remèdes tout
ce qui peut venir des faveurs du hasard et des forces de la nature[2].

SGANARELLE. — Comment, Monsieur, vous êtes aussi impie
en médecine?

35 DOM JUAN. — C'est une des grandes erreurs qui soient parmi
les hommes.

SGANARELLE. — Quoi? vous ne croyez pas au séné, ni à la
casse[3], ni au vin émétique[4]?

DOM JUAN. — Et pourquoi veux-tu que j'y croie?

40 SGANARELLE. — Vous avez l'âme bien mécréante. Cependant
vous voyez, depuis un temps, que le vin émétique fait bruire
ses fuseaux[5]. Ses miracles ont converti les plus incrédules

---

1. *Grimace* : apparence mensongère; 2. Souvenir évident de Montaigne (livre II,
chap. XXXVII) : « Ce que la *fortune*, ce que la *nature* [...] produit en nous de bon et de
salutaire, c'est le privilège de la médecine de se l'attribuer; tous les *heureux succès* qui
arrivent au patient qui est sous son régime, c'est d'elle qu'il les tient »; 3. *Séné, casse* :
purgatifs alors fort employés; 4. *Émétique* : vomitif à base d'antimoine, sur lequel batail-
laient les médecins depuis le début du XVIe siècle. Interdit jadis par décret de la Faculté
de médecine, il devait être enfin autorisé par la Faculté et le Parlement l'année qui suivit
Dom Juan; 5. On comprend : « fait du bruit dans le monde ». Mais personne n'a su
encore expliquer cette expression, dont c'est ici l'unique exemple, et où l'on voit arbi-
trairement un dicton populaire. Rappelons que le texte posthume de *Dom Juan* est peu sûr.

esprits, et il n'y a pas trois semaines que j'en ai vu, moi qu
vous parle, un effet merveilleux.

45   DOM JUAN. — Et quel?

SGANARELLE. — Il y avait un homme qui, depuis six jours
était à l'agonie; on ne savait plus que lui ordonner, et tou
les remèdes ne faisaient rien; on s'avisa à la fin de lui donner
de l'émétique.

50   DOM JUAN. — Il réchappa, n'est-ce pas?

SGANARELLE. — Non, il mourut.

DOM JUAN. — L'effet est admirable.

SGANARELLE. — Comment? il y avait six jours entiers qu'i
ne pouvait mourir, et cela le fit mourir tout d'un coup. Voulez-
55 vous rien de plus efficace?

DOM JUAN. — Tu as raison. (2)

SGANARELLE. — Mais laissons là la médecine, où[1] vous ne
croyez point, et parlons des autres choses; car cet habit me
donne de l'esprit, et je me sens en humeur de disputer[2] contre
60 vous. Vous savez bien que vous me permettez les disputes,
et que vous ne me défendez que les remontrances.

DOM JUAN. — Eh bien[3]!

SGANARELLE. — Je veux savoir un peu vos pensées à fond.
Est-il possible que vous ne croyiez point du tout au Ciel?

65   DOM JUAN. — Laissons cela.

SGANARELLE. — C'est-à-dire que non. Et à l'Enfer?

DOM JUAN. — Eh!

SGANARELLE. — Tout de même[4]. Et au diable, s'il vous plaît?

DOM JUAN. — Oui, oui.

70   SGANARELLE. — Aussi peu. Ne croyez-vous point l'autre vie?

---

1. L'adverbe *où* tient lieu, au XVIIe siècle, du relatif précédé d'une préposition (ici :
à laquelle); 2. *Disputer* : voir page 33, note 3; 3. Toute la discussion religieuse qui suit a
été supprimée dans l'édition cartonnée et remplacée par quelques répliques sans intérêt. Le texte authentique n'y reprend que quatre lignes avant la fin de la scène; 4. Tout
à fait de la même façon, c'est-à-dire pas du tout.

——— QUESTIONS ———

2. Cette satire de la médecine est la première en date dans l'œuvre de
Molière : quels thèmes préparent déjà ceux qui seront développés dans *le
Médecin malgré lui*, *l'Amour médecin* et *le Malade imaginaire*? — Le rôle
de Dom Juan dans cette discussion. — Importance de la réplique de Sganarelle : *Vous êtes aussi impie en médecine?*

DOM JUAN. — Ah! ah! ah!

SGANARELLE. — Voilà un homme que j'aurai bien de la peine à convertir. Et dites-moi un peu, [le Moine bourru, qu'en croyez-vous? eh!

75 DOM JUAN. — La peste soit du fat!

SGANARELLE. — Et voilà ce que je ne puis souffrir; car il n'y a rien de plus vrai que le Moine bourru, et je me ferais pendre pour celui-là. Mais][1] encore faut-il croire quelque chose dans le monde : qu'est-ce donc que vous croyez?

80 DOM JUAN. — Ce que je crois?

SGANARELLE. — Oui.

DOM JUAN. — Je crois que deux et deux sont quatre, Sganarelle, et que quatre et quatre sont huit[2]. (3)

SGANARELLE. — La belle croyance que voilà! Votre religion, 85 à ce que je vois, est donc l'arithmétique? Il faut avouer qu'il se met d'étranges folies dans la tête des hommes, et que, pour avoir bien étudié, on en est bien moins sage le plus souvent. Pour moi, Monsieur, je n'ai point étudié comme vous, Dieu merci, et personne ne saurait se vanter ne m'avoir jamais 90 rien appris; mais, avec mon petit sens, mon petit jugement, je vois les choses mieux que tous les livres, et je comprends fort bien que ce monde que nous voyons n'est pas un champignon qui soit venu tout seul en une nuit. Je voudrais bien vous demander qui a fait ces arbres-là, ces rochers, cette terre, 95 et ce ciel que voilà là-haut, et si tout cela s'est bâti de lui-même. Vous voilà, vous, par exemple, vous êtes là : est-ce que vous

---

1. Le passage entre crochets (lignes 73-78) ne se trouve pas dans l'édition de 1682, mais seulement dans celle de 1683 (voir Notice, page 10). Il est certain qu'il était question du *Moine bourru* dans le *Dom Juan* joué tout d'abord par Molière, puisque, en avril 1665, Rochemont lui reprochait ce badinage impie. Le passage est donc, pour l'essentiel, authentique et dut être supprimé par l'auteur, peut-être dès la seconde représentation. — D'après Furetière, « *le moine bourru* est un lutin qui, dans la croyance du peuple, court les rues aux avents de Noël et qui fait des cris effroyables »; 2. Molière avait lu sans doute dans le Xe *Discours du Socrate chrétien*, publié par Balzac en 1652, qu'un prince (Maurice d'Orange) avait fait, avant de mourir, la même réponse.

QUESTIONS

3. Les croyances religieuses de Sganarelle : pourquoi l'allusion au Moine bourru a-t-elle paru particulièrement sacrilège? — L'attitude de Dom Juan : pourquoi répond-il d'abord par des formules évasives et des ricanements? Comment interpréter la dernière réplique de Dom Juan?

vous êtes fait tout seul, et n'a-t-il pas fallu que votre père ait
engrossé votre mère pour vous faire? Pouvez-vous voir toutes
les inventions dont la machine de l'homme est composée sans
100 admirer de quelle façon cela est agencé l'un dans l'autre? ces
nerfs, ces os, ces veines, ces artères, ces..., ce poumon, ce cœur,
ce foie, et tous ces autres ingrédients qui sont là et qui[1]...
Oh! dame, interrompez-moi donc, si vous voulez. Je ne saurais
disputer[2], si l'on ne m'interrompt[3]. Vous vous taisez exprès,
105 et me laissez parler par belle malice.

  DOM JUAN. — J'attends que ton raisonnement soit fini.

  SGANARELLE. — Mon raisonnement est qu'il y a quelque
chose d'admirable dans l'homme, quoi que vous puissiez dire,
que tous les savants ne sauraient expliquer. Cela n'est-il pas
110 merveilleux que me voilà ici, et que j'aie quelque chose dans
la tête qui pense cent choses différentes en un moment, et
fait de mon corps tout ce qu'elle[4] veut? Je veux frapper des
mains, hausser le bras, lever les yeux au ciel, baisser la tête,
remuer les pieds, aller à droit[5], à gauche, en avant, en arrière,
tourner... (4)

  (Il se laisse tomber en tournant.)

115 DOM JUAN. — Bon! voilà ton raisonnement qui a le nez cassé.

  SGANARELLE. — Morbleu! je suis bien sot de m'amuser[6]
à raisonner avec vous. Croyez ce que vous voudrez : il m'importe bien que vous soyez damné! (5)

---

1. Molière prête ici fort habilement à Sganarelle l'argument des philosophes et des
théologiens le plus accessible à une âme simple, le vieil argument des causes finales.
Mais il semble bien qu'il en emprunte l'exposé à celui que beaucoup lui donnent comme
maître, l'illustre Gassendi. Le *Syntagma philosophicum*, paru en 1658, ne lui fournit
pas seulement les mots caractéristiques mis ici en italique, mais encore l'effet comique
de cette énumération où s'empêtre le pauvre valet : « *Intuens vero hominis corpus* [...],
in quo cor, pulmo, *cerebrum*, jecur, *in quo* ossa, musculi, venæ, *in quo*... » (Mais considérant
le corps humain, dans lequel *le cœur, les poumons, le cerveau, le foie*, dans lequel *les os,
les muscles, les veines*, dans lequel...); 2. *Disputer* : voir page 33, note 3; 3. Ce serait,
d'après les *Mémoires* de Retz, une vieille plaisanterie de la comédie italienne; 4. « Quelque
chose » restait féminin comme « chose »; 5. Voir page 27, note 5; 6. De m'attarder.
Dans *amuser* il y a *muser*.

--- **QUESTIONS** ---

4. D'après ce que nous savons déjà de Sganarelle, est-il naturel qu'il
connaisse tant d'arguments sur les causes finales et sur le libre arbitre? Que
deviennent ces arguments dans le style de Sganarelle?
5. Quelle valeur symbolique semble prendre la chute de Sganarelle?

DOM JUAN. — Mais tout en raisonnant, je crois que nous
120 sommes égarés. Appelle un peu cet homme que voilà là-bas,
pour lui demander le chemin.

SGANARELLE. — Holà, ho, l'homme! ho, mon compère!
ho, l'ami! un petit mot s'il vous plaît. **(6)**

Scène II. — DOM JUAN, SGANARELLE, UN PAUVRE[1].

SGANARELLE. — Enseignez-nous un peu le chemin qui mène
à la ville.

LE PAUVRE. — Vous n'avez qu'à suivre cette route, Messieurs,
et détourner[2] à main droite quand vous serez au bout de la
5 forêt; mais je vous donne avis que vous devez vous tenir sur
vos gardes, et que, depuis quelque temps, il y a des voleurs
ici autour.

DOM JUAN. — Je te suis bien obligé, mon ami, et je te rends
grâce de tout mon cœur[3].

10 LE PAUVRE. — Si vous vouliez, Monsieur, me secourir de
quelque aumône?

DOM JUAN. — Ah! ah! ton avis est intéressé, à ce que je vois.

LE PAUVRE. — Je suis un pauvre homme, Monsieur, retiré
tout seul dans ce bois depuis dix ans, et je ne manquerai pas
15 de prier le Ciel qu'il vous donne toute sorte de biens.

DOM JUAN. — Eh! prie-le qu'il te donne un habit, sans te
mettre en peine des affaires des autres. **(7)**

SGANARELLE. — Vous ne connaissez pas Monsieur, bon

---

1. Dans les pièces de Dorimond et de Villiers (cf. Doc. thématique), Dom Juan rencontre un pèlerin et, au cours d'une longue scène, lui prend de force son costume pour
s'en déguiser. Molière transforme le pèlerin en pauvre, et le dialogue célèbre qui va suivre
aboutit à un tout autre résultat que chez ses prédécesseurs; 2. *Détourner :* quitter le
droit chemin, faire un détour; 3. Le dialogue qui suit a été supprimé en 1682 de l'édition censurée.

--- **QUESTIONS** ---

6. SUR L'ENSEMBLE DE LA SCÈNE PREMIÈRE. — Composition de cette scène :
la discussion sur la médecine est-elle une digression? Si Molière approuve
les railleries de Dom Juan contre les médecins, peut-il condamner son irréligion, qui se réclame aussi de la raison?
— Discutez la partie de cette scène à la lumière des *Observations* du sieur
de Rochemont, citées dans les Jugements, à la fin de l'ouvrage.

7. Le ton de Dom Juan se durcit de réplique en réplique : qu'est-ce qui
l'irrite dans l'attitude du Pauvre?

homme : il ne croit qu'en deux et deux sont quatre, et en
20 quatre et quatre sont huit.

DOM JUAN. — Quelle est ton occupation parmi ces arbres?

LE PAUVRE. — De prier le Ciel tout le jour pour la prospérité
des gens de bien qui me donnent quelque chose.

DOM JUAN. — Il ne se peut donc pas que tu ne sois bien à
25 ton aise?

LE PAUVRE. — Hélas! Monsieur, je suis dans la plus grande
nécessité[1] du monde.

DOM JUAN. — Tu te moques : un homme qui prie le Ciel
tout le jour, ne peut pas manquer d'être bien dans ses affaires.

30 LE PAUVRE. — Je vous assure, Monsieur, que le plus souvent
je n'ai pas un morceau de pain à mettre sous les dents.

DOM JUAN. — [Voilà qui est étrange, et tu es bien mal reconnu
de tes soins[2] Ah! ah!] je m'en vais te donner un Louis d'or
[tout à l'heure[3], pourvu que tu veuilles jurer. **(8)**

35 LE PAUVRE. — Ah! Monsieur, voudriez-vous que je commisse
un tel péché?

DOM JUAN. — Tu n'as qu'à voir si tu veux gagner un Louis
d'or ou non : en voici un que je te donne, si tu jures. Tiens :
il faut jurer.

40 LE PAUVRE. — Monsieur...

DOM JUAN. — A moins de cela tu ne l'auras pas.

SGANARELLE. — Va, va, jure un peu, il n'y a pas de mal.

DOM JUAN. — Prends, le voilà; prends, te dis-je; mais jure
donc.

45 LE PAUVRE. — Non, Monsieur, j'aime mieux mourir de faim.

DOM JUAN. — Va, va,][4] je te le donne pour l'amour de l'huma-

---

1. *Nécessité :* indigence; **2.** *Reconnaître quelqu'un :* juger et récompenser quelqu'un
selon ses mérites. On disait aussi, comme aujourd'hui : *reconnaître les services de quel-*
qu'un. Molière semble avoir fondu les deux expressions; **3.** *Tout à l'heure :* voir page 47,
note 3; **4.** Les passages entre crochets, supprimés même dans l'édition non censurée
de 1682, existent seulement dans celle de 1683. On suppose que Molière, inquiet des
murmures de certains, a supprimé ces répliques dès la deuxième représentation.

──────── **QUESTIONS** ────────

8. Quel sentiment pousse Dom Juan à faire blasphémer le mendiant?
Est-ce par cruauté ou besoin de dominer tout être qu'il rencontre?

nité. **(9)** Mais que vois-je là? Un homme attaqué par trois autres? La partie est trop inégale, et je ne dois pas souffrir cette lâcheté. **(10)**

Scène III. — DOM JUAN, DOM CARLOS, SGANARELLE.

SGANARELLE, *seul.* — Mon maître est un vrai enragé d'aller se présenter à un péril qui ne le cherche pas; mais, ma foi! le secours a servi, et les deux ont fait fuir les trois.

DOM CARLOS, *l'épée à la main.* — On voit, par la fuite de ces
5 voleurs, de quel secours est votre bras. Souffrez, Monsieur, que je vous rende grâce d'une action si généreuse, et que...

DOM JUAN, *revenant l'épée à la main.* — Je n'ai rien fait, Monsieur, que vous n'eussiez fait en ma place. Notre propre honneur est intéressé dans de pareilles aventures, et l'action
10 de ces coquins était si lâche, que c'eût été y prendre part que de ne s'y pas opposer. Mais par quelle rencontre[1] vous êtes-vous trouvé entre leurs mains?

DOM CARLOS. — Je m'étais par hasard égaré d'un frère[2] et de tous ceux de notre suite; et comme je cherchais à les
15 rejoindre, j'ai fait rencontre de ces voleurs, qui d'abord ont tué mon cheval, et qui, sans votre valeur, en auraient fait autant de moi.

DOM JUAN. — Votre dessein est-il d'aller du côté de la ville?

DOM CARLOS. — Oui, mais sans y vouloir entrer; et nous
20 nous voyons obligés, mon frère et moi, à tenir la campagne pour une de ces fâcheuses affaires qui réduisent les gentils-hommes à se sacrifier, eux et leur famille, à la sévérité de leur honneur, puisque enfin le plus doux succès[3] en est toujours

---

1. *Rencontre* : circonstance fortuite; 2. Je m'étais égaré en m'écartant de mon frère (sens et construction courants au XVIIᵉ siècle); 3. *Succès* : voir page 47, note 5. *Doux* : heureux.

——— QUESTIONS ———

9. Pourquoi Dom Juan évite-t-il la formule traditionnelle : « pour l'amour de Dieu »? Ses paroles naissent-elles d'une pensée généreuse, ou n'est-ce qu'une façon de ne pas perdre la face en présence du Pauvre qui lui a résisté?

10. SUR L'ENSEMBLE DE LA SCÈNE II. — Place de cette scène dans l'ensemble de l'action. Comparez-la à la scène de Villiers (voir Doc. thématique).

— L'unité du personnage de Dom Juan : quel vice profond détermine son attitude à l'égard du Pauvre aussi bien qu'à l'égard de Done Elvire et des paysans?

funeste, et que, si l'on ne quitte pas la vie, on est contraint
25 de quitter le Royaume; et c'est en quoi je trouve la condition
d'un gentilhomme malheureuse, de ne pouvoir point s'assurer
sur[1] toute la prudence et toute l'honnêteté de sa conduite,
d'être asservi par les lois de l'honneur au dérèglement de la
conduite d'autrui, et de voir sa vie, son repos et ses biens
30 dépendre de la fantaisie du premier téméraire qui s'avisera
de lui faire une de ces injures[2] pour qui[3] un honnête homme
doit périr. **(11)**

DOM JUAN. — On a cet avantage, qu'on fait courir le même
risque et passer mal aussi le temps à ceux qui prennent fan-
35 taisie de nous venir faire une offense de gaieté de cœur. Mais
ne serait-ce point une indiscrétion que de vous demander quelle
peut être votre affaire?

DOM CARLOS. — La chose en est aux termes[4] de n'en plus
faire de secret, et lorsque l'injure a une fois éclaté, notre hon-
40 neur ne va point à[5] vouloir cacher notre honte, mais à faire
éclater notre vengeance, et à publier même le dessein que nous
en avons. Ainsi, Monsieur, je ne feindrai point[6] de vous dire
que l'offense que nous cherchons à venger est une sœur séduite
et enlevée d'un couvent[7], et que l'auteur de cette offense est
45 un Dom Juan Tenorio, fils de Dom Louis Tenorio. Nous le
cherchons depuis quelques jours, et nous l'avons suivi ce
matin sur le rapport d'un valet qui nous a dit qu'il sortait à
cheval, accompagné de quatre ou cinq, et qu'il avait pris le
long de cette côte; mais tous nos soins[8] ont été inutiles, et nous
50 n'avons pu découvrir ce qu'il est devenu.

---

1. *S'assurer sur* : établir sa confiance sur; 2. *Injure* : outrage; 3. Pour lesquelles. Molière respecte fort peu la règle de Vaugelas : « Hors du nominatif, *qui* ne se met jamais que pour les personnes, à l'exclusion des animaux et des choses inanimées »; 4. *Aux termes de* : au point de; 5. Ne tend point à. Tournure courante au XVIIe siècle; 6. N'hésiterai point. Dans ses premières pièces, Molière écrit plutôt *feindre à*; 7. *Couvent* : voir page 28, note 7; 8. *Soins* : soucis qu'on se donne pour une chose, d'où, comme ici, efforts.

QUESTIONS

11. Pourquoi Molière, contrairement à ses devanciers, montre-t-il Dom Juan brave et généreux? — Expliquez la tirade de Dom Carlos : peut-on y découvrir l'opinion de Molière sur les lois de l'honneur traditionnelles chez les gentilshommes? Quelle opinion le spectateur peut-il avoir sur ce gentilhomme, si docile aux préjugés de sa caste?

DOM JUAN. — Le connaissez-vous, Monsieur, ce Dom Juan
dont vous parlez?

DOM CARLOS. — Non, quant à moi. Je ne l'ai jamais vu,
et je l'ai seulement ouï dépeindre à mon frère; mais la renommée
55 n'en dit pas force bien, et c'est un homme dont la vie... (12)

DOM JUAN. — Arrêtez, Monsieur, s'il vous plaît. Il est un
peu de mes amis, et ce serait à moi une espèce de lâcheté, que
d'en ouïr dire du mal.

DOM CARLOS. — Pour l'amour de vous, Monsieur, je n'en
60 dirai rien du tout, et c'est bien la moindre chose que je vous
doive, après m'avoir sauvé la vie[1], que de me taire devant
vous d'une personne que vous connaissez, lorsque je ne puis
en[2] parler sans en dire du mal; mais, quelque ami que vous
lui soyez, j'ose espérer que vous n'approuverez pas son action,
65 et ne trouverez pas étrange que nous cherchions d'en prendre
vengeance.

DOM JUAN. — Au contraire, je vous y veux servir, et vous
épargner des soins inutiles. Je suis ami de Dom Juan, je ne
puis pas m'en empêcher; mais il n'est pas raisonnable qu'il
70 offense impunément des gentilshommes, et je m'engage à vous
faire faire raison par lui.

DOM CARLOS. — Et quelle raison peut-on faire à ces sortes
d'injures?

DOM JUAN. — Toute celle que votre honneur peut souhaiter;
75 et, sans vous donner la peine de chercher Dom Juan davantage, je m'oblige à le faire trouver[3] au lieu que vous voudrez,
et quand il vous plaira.

DOM CARLOS. — Cet espoir est bien doux, Monsieur, à des
cœurs offensés; mais, après ce que je vous dois, ce me serait
80 une trop sensible douleur que vous fussiez de la partie[4].

---

1. La construction, admise au XVIIᵉ siècle, serait incorrecte aujourd'hui, le sujet de
l'infinitif n'étant pas celui du verbe principal; 2. *En :* d'elle. (Emploi régulier de *en* pour
représenter les personnes, dans la langue classique); 3. Faire se trouver. Quand le verbe
réfléchi est à l'infinitif et dépend d'un verbe comme *faire, voir*, etc., on supprime alors
couramment le pronom complément direct de ce réfléchi; 4. Le mot *partie* s'employait
pour les duels, dans lesquels, comme on sait, les *seconds* n'étaient pas seulement témoins
du combat, mais se battaient l'un contre l'autre. Dom Carlos craint donc d'avoir à croiser
l'épée avec celui qui vient de lui sauver la vie.

━━ QUESTIONS ━━

12. Dom Juan se doutait-il que Dom Carlos était un de ses poursuivants?
Quel genre de situation est créé entre les deux personnages? A quoi s'attend
le spectateur?

DOM JUAN. — Je suis si attaché à Dom Juan, qu'il ne saurait se battre que je ne me batte aussi; mais enfin j'en réponds comme de moi-même, et vous n'avez qu'à dire quand vous voulez qu'il paraisse et vous donne satisfaction. (13)

85 DOM CARLOS. — Que ma destinée est cruelle! Faut-il que je vous doive la vie, et que Dom Juan soit de vos amis? (14)

SCÈNE IV. — DOM ALONSE, ET TROIS SUIVANTS, DOM CARLOS, DOM JUAN, SGANARELLE.

DOM ALONSE, *parlant à ceux de sa suite, sans voir Dom Carlos ni Dom Juan.* — Faites boire là mes chevaux, et qu'on les amène après nous[1]; je veux un peu marcher à pied. O Ciel!
5 que vois-je ici! Quoi? mon frère, vous voilà avec notre ennemi mortel?

DOM CARLOS. — Notre ennemi mortel?

DOM JUAN, *se reculant trois pas et mettant fièrement la main sur la garde de son épée.* — Oui, je suis Dom Juan moi-même, et l'avantage du nombre ne m'obligera pas à vouloir déguiser
10 mon nom. (15)

DOM ALONSE, *mettant l'épée à la main.* — Ah! traître, il faut que tu périsses, et... *(Sganarelle court se cacher.)*

DOM CARLOS. — Ah! mon frère, arrêtez. Je lui suis redevable de la vie; et sans le secours de son bras, j'aurais été tué par
15 des voleurs que j'ai trouvés.

DOM ALONSE. — Et voulez-vous que cette considération empêche notre vengeance? Tous les services que nous rend une main ennemie ne sont d'aucun mérite pour engager notre âme; et s'il faut mesurer l'obligation à l'injure, votre recon-
20 naissance, mon frère, est ici ridicule; et comme l'honneur

---

1. Derrière nous.

──────── **QUESTIONS** ────────

13. Est-ce par lâcheté que Dom Juan ne révèle pas qui il est? — Les sentiments du spectateur pendant cette partie de la scène où il est, pour ainsi dire, de connivence avec Dom Juan.

14. SUR L'ENSEMBLE DE LA SCÈNE III. — Quel ton nouveau pénètre dans la pièce avec cette scène de comédie héroïque, si on la compare aux épisodes précédents?
— Comment se complète le portrait de Dom Juan?

15. Cette situation nouvelle était-elle attendue? Sur quel effet théâtral joue Molière au moment où Dom Juan dévoile son identité?

est infiniment plus précieux que la vie, c'est ne devoir rien proprement que d'être redevable de la vie à qui nous a ôté l'honneur.

DOM CARLOS. — Je sais la différence, mon frère, qu'un gentil-
25 homme doit toujours mettre entre l'un et l'autre, et la reconnaissance de l'obligation[1] n'efface point en moi le ressentiment
de l'injure; mais souffrez que je lui rende ici ce qu'il m'a prêté,
que je m'acquitte sur-le-champ de la vie que je lui dois, par
un délai de notre vengeance, et lui laisse la liberté de jouir,
30 durant quelques jours, du fruit de son bienfait[2].

DOM ALONSE. — Non, non, c'est hasarder notre vengeance
que de la reculer, et l'occasion de la prendre peut ne plus
revenir. Le Ciel nous l'offre ici, c'est à nous d'en profiter.
Lorsque l'honneur est blessé mortellement, on ne doit point
35 songer à garder aucunes mesures[3]; et si vous répugnez à prêter
votre bras à cette action, vous n'avez qu'à vous retirer et
laisser à ma main la gloire d'un tel sacrifice.

DOM CARLOS. — De grâce, mon frère...

DOM ALONSE. — Tous ces discours sont superflus : il faut
40 qu'il meure.

DOM CARLOS. — Arrêtez-vous, dis-je, mon frère. Je ne souf-
frirai point du tout qu'on attaque ses jours, et je jure le Ciel
que je le défendrai ici contre qui que ce soit, et je saurai lui
faire un rempart de cette même vie qu'il a sauvée; et pour
45 adresser[4] vos coups, il faudra que vous me perciez.

DOM ALONSE. — Quoi? vous prenez le parti de notre ennemi
contre moi; et loin d'être saisi à son aspect des mêmes transports[5] que je sens, vous faites voir pour lui des sentiments
pleins de douceur?

50 DOM CARLOS. — Mon frère, montrons de la modération
dans une action légitime, et ne vengeons point notre honneur
avec cet emportement que vous témoignez. Ayons du cœur

1. Les mots gardent ici leur sens plein : le fait de *reconnaître* que je le suis *lié* par le service qu'il m'a rendu; 2. C'est-à-dire de la vie, qu'il m'a donnée et que je lui rends; 3. Même pluriel dans Bossuet (*Histoire des variations des Eglises protestantes*, VII) : « Il ne garda aucunes mesures »; 4. Dans son sens propre : faire aller droit, en sous-entendant ici : à leur but, c'est-à-dire jusqu'à Dom Juan; 5. *Transports* : manifestations extérieures d'une passion; ici : la colère.

dont nous soyons les maîtres, une valeur qui n'ait rien de
farouche, et qui se porte aux choses par une pure délibération
55 de notre raison, et non point par le mouvement d'une aveugle
colère. Je ne veux point, mon frère, demeurer redevable à
mon ennemi, et je lui ai une obligation dont il faut que je
m'acquitte avant toute chose. Notre vengeance, pour être
différée, n'en sera pas moins éclatante : au contraire, elle en
60 tirera de l'avantage; et cette occasion de l'avoir pu prendre
la fera paraître plus juste aux yeux de tout le monde.

DOM ALONSE. — O l'étrange faiblesse, et l'aveuglement
effroyable d'hasarder[1] ainsi les intérêts de son honneur pour
la ridicule pensée d'une obligation chimérique!

65 DOM CARLOS. — Non, mon frère, ne vous mettez pas en
peine. Si je fais une faute, je saurai bien la réparer, et je me
charge de tout le soin de notre honneur; je sais à quoi il nous
oblige, et cette suspension d'un jour, que ma reconnaissance
lui demande, ne fera qu'augmenter l'ardeur que j'ai de le
70 satisfaire. Dom Juan, vous voyez que j'ai soin de vous rendre
le bien que j'ai reçu de vous, et vous devez par là juger du
reste, croire que je m'acquitte avec même chaleur de ce que
je dois, et que je ne serai pas moins exact à vous payer l'injure
que le bienfait. Je ne veux point vous obliger ici à expliquer[2]
75 vos sentiments, et je vous donne la liberté de penser à loisir
aux résolutions que vous avez à prendre. Vous connaissez
assez la grandeur de l'offense que vous nous avez faite, et je
vous fais juge vous-même des réparations qu'elle demande.
Il est des moyens doux pour nous satisfaire; il en est de violents
80 et de sanglants; mais enfin, quelque choix que vous fassiez,
vous m'avez donné parole de me faire faire raison par Dom
Juan : songez à me la[3] faire, je vous prie, et vous ressouvenez[4]
que, hors d'ici, je ne dois plus qu'à mon honneur. (16)

---

1. *Hasarder* sans aspiration se retrouve dans Scarron (*Jodelet duelliste*, V, I) : « Que je
suis un franc sot, de m'hasarder ainsi! »; 2. *Expliquer* : développer, exposer; 3. Ce pronom, représentant un nom indéterminé *(raison)*, serait aujourd'hui incorrect, mais cette
tournure est régulière au XVIIe siècle; 4. Devant un second impératif précédé de *et*
l'inversion du pronom est alors tout à fait courante.

QUESTIONS

16. La discussion des deux frères sur le point d'honneur : analysez les
arguments de chacun d'eux. Le caractère « cornélien » du conflit qui les oppose.
— Dom Juan reste silencieux pendant ce dialogue : pourquoi? Peut-on
imaginer son attitude et deviner ses sentiments?

DOM JUAN. — Je n'ai rien exigé de vous, et vous tiendrai
85 ce que j'ai promis.

DOM CARLOS. — Allons, mon frère : un moment de douceur
ne fait aucune injure à la sévérité de notre devoir[1]. (17)

Scène V. — DOM JUAN, SGANARELLE.

DOM JUAN. — Holà, hé, Sganarelle!

SGANARELLE, *sortant de l'endroit où il était caché.* — Plaît-il?

DOM JUAN. — Comment? coquin, tu fuis quand on m'attaque?

SGANARELLE. — Pardonnez-moi, Monsieur; je viens seule-
5 ment d'ici près. Je crois que cet habit est purgatif, et que c'est
prendre médecine que de le porter. (18)

DOM JUAN. — Peste soit l'insolent[2]! Couvre au moins ta
poltronnerie d'un voile plus honnête. Sais-tu bien qui est
celui à qui j'ai sauvé la vie?

10 SGANARELLE. — Moi? Non.

DOM JUAN. — C'est un frère d'Elvire.

SGANARELLE. — Un...

DOM JUAN. — Il est assez honnête homme, il en a bien usé[3],
et j'ai regret d'avoir démêlé avec lui.

15 SGANARELLE. — Il vous serait aisé de pacifier toutes choses.

DOM JUAN. — Oui; mais ma passion est usée pour Done
Elvire, et l'engagement ne compatit[4] point avec mon humeur.

---

1. La situation de Dom Carlos, pris entre sa gratitude et sa vengeance, a pu être
empruntée par Molière à trois pièces imitées de Lope de Vega et jouées à Paris en 1654 :
les Illustres Ennemis de Thomas Corneille, *les Généreux Ennemis* de Boisrobert, *l'Eco-
lier de Salamanque* de Scarron; 2. Au lieu de : *la peste étouffe...*, on avait fini par
dire : *la peste soit de* (voir page 54, ligne 67), ou, comme ici : *peste soit...*, ou enfin,
en supprimant le verbe : *peste l'insolent;* 3. Il a bien agi; 4. N'est pas compatible.

--- **QUESTIONS** ---

17. Sur l'ensemble de la scène IV. — Molière avait trouvé dans les pièces
de Villiers et de Dorimond l'idée de la rencontre de Dom Juan et de Dom
Carlos. Mais dans celle-ci Dom Juan volait par une ruse son épée à Dom Philippe, dans celle-là il assassinait son adversaire désarmé (voir le texte de
Villiers, cité dans la Documentation thématique). Comment et pourquoi
Molière a-t-il transformé ses modèles?
— L'intérêt de cette scène pour le public de 1665 : devait-elle passionner
seulement les nobles? Le spectateur actuel s'y intéresse-t-il autant?
18. Quel effet Molière veut-il produire par cette grossière plaisanterie
tout de suite après les scènes précédentes?

J'aime la liberté en amour, tu le sais, et je ne saurais me résoudre
à renfermer mon cœur entre quatre murailles. Je te l'ai dit
20 vingt fois, j'ai une pente naturelle à me laisser aller à tout
ce qui m'attire. Mon cœur est à toutes les belles, et c'est à
elles à le prendre tour à tour, et à le garder tant qu'elles le
pourront. Mais quel est le superbe édifice que je vois entre
ces arbres?

25 SGANARELLE. — Vous ne le savez pas?

DOM JUAN. — Non, vraiment.

SGANARELLE. — Bon! c'est le tombeau que le Commandeur
faisait faire lorsque vous le tuâtes. **(19)**

DOM JUAN. — Ah! tu as raison. Je ne savais pas que c'était
30 de ce côté-ci qu'il était. Tout le monde m'a dit des merveilles
de cet ouvrage, aussi bien que de la statue du Commandeur,
et j'ai envie de l'aller voir.

SGANARELLE. — Monsieur, n'allez point là.

DOM JUAN. — Pourquoi?

35 SGANARELLE. — Cela n'est pas civil[1], d'aller voir un homme
que vous avez tué.

DOM JUAN. — Au contraire, c'est une visite dont je lui veux
faire civilité, et qu'il doit recevoir de bonne grâce, s'il est
galant homme[2]. Allons, entrons dedans. **(20)**

*(Le tombeau s'ouvre, où l'on voit un superbe mausolée et la
statue du Commandeur.)*

40 SGANARELLE. — Ah! que cela est beau! Les belles statues!
le beau marbre! les beaux piliers! Ah! que cela est beau! Qu'en
dites-vous, Monsieur?

DOM JUAN. — Qu'on ne peut voir aller plus loin l'ambition
d'un homme mort; et ce que je trouve admirable, c'est qu'un
45 homme qui s'est passé[3], durant sa vie, d'une assez simple
demeure, en veuille avoir une si magnifique pour quand il n'en
a plus que faire.

---

1. *Civil* et *civilisé* remplaçaient, dans l'usage du XVIIe siècle, *courtois* et *courtoisie*,
qui paraissaient alors vieillis; **2.** *Galant homme* : ici homme poli et de bonne compagnie;
3. Qui s'est contenté. Ce sens se retrouve jusqu'à la fin du XVIIe siècle.

— QUESTIONS —

19. La transition d'un épisode à l'autre : en avons-nous déjà vu du même
genre? Qu'en conclure sur la structure de l'action?

20. Les motifs invoqués par Dom Juan pour aller voir le tombeau
confirment-ils son caractère?

SGANARELLE. — Voici la statue du Commandeur.

DOM JUAN. — Parbleu! le voilà bon[1], avec son habit d'empe-
50 reur romain! (21)

SGANARELLE. — Ma foi, Monsieur, voilà qui est bien fait.
Il semble qu'il est en vie, et qu'il s'en va parler. Il jette des
regards sur nous qui me feraient peur, si j'étais tout seul, et
je pense qu'il ne prend pas plaisir de nous voir.

55 DOM JUAN. — Il aurait tort, et ce serait mal recevoir l'honneur
que je lui fais. Demande-lui s'il veut venir souper[2] avec moi.

SGANARELLE. — C'est une chose dont il n'a pas besoin, je
crois.

DOM JUAN. — Demande-lui, te dis-je.

60 SGANARELLE. — Vous moquez-vous? Ce serait être fou que
d'aller parler à une statue.

DOM JUAN. — Fais ce que je te dis.

SGANARELLE. — Quelle bizarrerie! Seigneur Commandeur...
(A part.) je ris de ma sottise, mais c'est mon maître qui me
65 la fait faire. *(Haut.)* Seigneur Commandeur, mon maître
Dom Juan vous demande si vous voulez lui faire l'honneur
de venir souper avec lui. (22) *(La Statue baisse la tête.)* Ha!

DOM JUAN. — Qu'est-ce? qu'as-tu? Dis donc, veux-tu parler?

SGANARELLE *fait le même signe que lui a fait la Statue et*
70 *baisse la tête.* — La Statue...

DOM JUAN. — Eh bien! que veux-tu dire, traître?

SGANARELLE. — Je vous dis que la Statue...

DOM JUAN. — Eh bien! la Statue? Je t'assomme, si tu ne
parles.

75 SGANARELLE. — La Statue m'a fait signe.

DOM JUAN. — La peste le coquin[3].

---

1. Bien comique à voir; 2. Aujourd'hui *diner*; 3. Voir page 73, note 2.

■ QUESTIONS

21. Comparez les réflexions de Sganarelle et de Dom Juan sur la magni-
ficence du tombeau.

22. Pourquoi charger Sganarelle d'inviter la statue? Comparez cette situation à celle de la scène III du premier acte (voir question **15**, page 38). — Les
devanciers de Molière montraient un Dom Juan agressif et insultant à
l'égard de sa victime : cette attitude conviendrait-elle au Dom Juan de
Molière?

SGANARELLE. — Elle m'a fait signe, vous dis-je : il n'est rien de plus vrai. Allez-vous-en lui parler vous-même pour voir. Peut-être...

80 DOM JUAN. — Viens, maraud, viens, je te veux bien faire toucher[1] au doigt ta poltronnerie. Prends garde[2]. Le Seigneur Commandeur voudrait-il venir souper avec moi?

(La Statue baisse encore la tête.)

SGANARELLE. — Je ne voudrais pas en tenir dix pistoles[3]. Eh bien! Monsieur?

85 DOM JUAN. — Allons, sortons d'ici.

SGANARELLE, *seul.* — Voilà de mes esprits forts, qui ne veulent rien croire. **(23) (24) (25)**

---

1. *Bien* porte sur *faire toucher ;* **2.** Fais attention; **3.** Le sens est discuté. Mais on retrouve la même expression au v. 886 de *l'Ecole des maris*, où un autre Sganarelle se réjouit, comme ici, de la mésaventure d'autrui : « Et je n'en voudrais pas tenir vingt bons écus », dit-il. Entendez donc : je ne voudrais pas donner ce spectacle pour dix pistoles. — En 1665, la pistole valait onze livres.

———— **QUESTIONS** ————————————————

23. Analysez cette fin de scène : les deux attitudes successives de Dom Juan devant le prodige. — Comparez cette partie de la scène au texte correspondant de Dorimond (cf. Documentation thématique).

24. SUR L'ENSEMBLE DE LA SCÈNE V. — L'habileté de Molière à faire entrer l'élément fantastique dans la comédie : comment y réussit-il sans heurter la vraisemblance?

25. SUR L'ENSEMBLE DE L'ACTE III. — La composition de cet acte : le nombre et la diversité des épisodes nuisent-ils à l'unité d'ensemble? Appréciez la technique dramatique appliquée ici.
— Comment la continuité de l'action est-elle ménagée avec l'acte suivant? Comparez de ce point de vue la fin des trois premiers actes.
— Les sentiments du spectateur au cours des différents épisodes; la part du comique. A qui appartient la dernière réplique à la fin de chacun des trois premiers actes?
— Le portrait de Dom Juan d'après tout ce que nous savons maintenant sur lui.

ACTE IV

Le théâtre représente l'appartement de Dom Juan.

Scène première. — DOM JUAN, SGANARELLE.

DOM JUAN. — Quoi qu'il en soit, laissons cela : c'est une bagatelle, et nous pouvons avoir été trompés par un faux jour, ou surpris de[1] quelque vapeur[2] qui nous ait troublé la vue.

SGANARELLE. — Eh! Monsieur, ne cherchez point à démentir ce que nous avons vu des yeux que voilà. Il n'est rien de plus véritable que ce signe de tête; et je ne doute point que le Ciel, scandalisé de votre vie, n'ait produit ce miracle pour vous convaincre, et pour vous retirer de...

DOM JUAN. — Écoute. Si tu m'importunes davantage de tes sottes moralités, si tu me dis encore le moindre mot là-dessus, je vais appeler quelqu'un, demander un nerf de bœuf, te faire tenir par trois ou quatre, et te rouer de mille coups. M'entends-tu bien?

SGANARELLE. — Fort bien, Monsieur, le mieux du monde. Vous vous expliquez clairement; c'est ce qu'il y a de bon en vous, que vous n'allez point chercher de détours : vous dites les choses avec une netteté admirable[3].

DOM JUAN. — Allons, qu'on me fasse souper[4] le plus tôt que l'on pourra. Une chaise, petit garçon[5]. (1)

---

1. *Surpris de :* brusquement induits en erreur; 2. *Vapeur :* trouble qui monte au cerveau (sens médical); 3. Souvenir de l'*Andrienne* de Térence. Après avoir menacé son esclave d'un châtiment terrible, Simon lui demande s'il l'a bien entendu. Et Davus de répondre : « Fort bien; si clairement tu t'es expliqué, sans te servir d'aucun détour »; 4. *Souper :* voir page 75, note 2; 5. *Petit garçon :* jeune serviteur, laquais.

--- QUESTIONS ---

1. Sur la scène première. — Cette scène est-elle seulement destinée à faire l'enchaînement avec l'acte précédent? Quelle préoccupation révèle-t-elle chez Dom Juan? — Quelles paroles de Sganarelle déchaînent la fureur de Dom Juan?

Scène II. — **DOM JUAN, LA VIOLETTE, SGANARELLE.**

LA VIOLETTE. — Monsieur, voilà votre marchand[1], M. Dimanche, qui demande à vous parler.

SGANARELLE. — Bon, voilà ce qu'il nous faut, qu'un compliment de créancier. De quoi s'avise-t-il de nous venir demander
5 de l'argent, et que ne lui disais-tu que Monsieur n'y est pas?

LA VIOLETTE. — Il y a trois quarts d'heure que je lui dis; mais il ne veut pas le croire, et s'est assis là dedans pour attendre.

SGANARELLE. — Qu'il attende, tant qu'il voudra.

DOM JUAN. — Non, au contraire, faites-le entrer. C'est
10 une fort mauvaise politique que de se faire celer[2] aux créanciers. Il est bon de les payer de quelque chose, et j'ai le secret de les renvoyer satisfaits sans leur donner un double[3]. (2)

Scène III. — DOM JUAN, Monsieur DIMANCHE,
SGANARELLE, suite.

DOM JUAN, *faisant de grandes civilités*. — Ah! Monsieur Dimanche, approchez. Que je suis ravi de vous voir, et que je veux de mal à mes gens de ne vous pas faire entrer d'abord[4]! J'avais donné ordre qu'on ne me fît parler personne[5]; mais
5 cet ordre n'est pas pour vous, et vous êtes en droit de ne trouver jamais de porte fermée chez moi.

M. DIMANCHE. — Monsieur, je vous suis fort obligé.

DOM JUAN, *parlant à ses laquais*. — Parbleu! coquins, je vous apprendrai à laisser M. Dimanche dans une antichambre,
10 et je vous ferai connaître les gens.

M. DIMANCHE. — Monsieur, cela n'est rien.

DOM JUAN, *à M. Dimanche*. — Comment? vous dire que je n'y suis pas, à M. Dimanche, au meilleur de mes amis?

---

1. *Marchand :* terme général, mais qui désigne aussi en particulier un drapier. (Voir les propos de Madame Jourdain à la scène XII de l'acte III du *Bourgeois gentilhomme*.) M. Dimanche vend à Dom Juan et à Sganarelle des tissus pour leurs vêtements; 2. Faire dire qu'on n'y est pas (mot à mot : faire en sorte de rester caché, dissimulé aux regards); 3. *Double* [denier]. Douze deniers faisaient un sou; 4. *D'abord :* tout de suite; 5. Qu'on ne laissât personne me parler.

--- **QUESTIONS** ---

2. SUR LA SCÈNE II. — Est-il étonnant que Dom Juan ait des dettes? Cela tient-il à son caractère ou à sa condition? Ou aux deux à la fois?

Phot. Lipnitzki.

« Je voudrais bien... » (Page 80, ligne 40.)

DOM JUAN (Louis Jouvet) et MONSIEUR DIMANCHE

Théâtre de l'Athénée (1948).

M. DIMANCHE. — Monsieur, je suis votre serviteur. J'étais
15 venu...

DOM JUAN. — Allons vite, un siège pour M. Dimanche.

M. DIMANCHE. — Monsieur, je suis bien comme cela.

DOM JUAN. — Point, point, je veux que vous soyez assis
contre moi[1].

20 M. DIMANCHE. — Cela n'est point nécessaire.

DOM JUAN. — Otez ce pliant[2], et apportez un fauteuil.

M. DIMANCHE. — Monsieur, vous vous moquez, et...

DOM JUAN. — Non, non, je sais ce que je vous dois, et je ne
veux point qu'on mette de différence entre nous deux.

25 M. DIMANCHE. — Monsieur...

DOM JUAN. — Allons, asseyez-vous.

M. DIMANCHE. — Il n'est pas besoin, Monsieur, et je n'ai
qu'un mot à vous dire. J'étais...

DOM JUAN. — Mettez-vous là, vous dis-je.

30 M. DIMANCHE. — Non, Monsieur, je suis bien. Je viens pour...

DOM JUAN. — Non, je ne vous écoute point si vous n'êtes
assis.

M. DIMANCHE. — Monsieur, je fais ce que vous voulez. Je...

DOM JUAN. — Parbleu! Monsieur Dimanche, vous vous
35 portez bien.

M. DIMANCHE. — Oui, Monsieur, pour vous rendre service.
Je suis venu...

DOM JUAN. — Vous avez un fonds de santé admirable, des
lèvres fraîches, un teint vermeil, et des yeux vifs.

40 M. DIMANCHE. — Je voudrais bien...

DOM JUAN. — Comment se porte Madame Dimanche, votre
épouse?

M. DIMANCHE. — Fort bien, Monsieur, Dieu merci.

DOM JUAN. — C'est une brave femme.

---

1. *Contre moi* : près de moi; 2. La répartition des sièges correspondait alors strictement
à la hiérarchie sociale. Le *siège pliant* s'offrait au plus humble; puis venaient par ordre
croissant le tabouret, le perroquet, la chaise et enfin le fauteuil. Dom Juan offrant un
fauteuil au lieu d'un pliant à son tailleur fait de lui son égal.

45   M. DIMANCHE. — Elle est votre servante, Monsieur. Je venais...

DOM JUAN. — Et votre petite fille Claudine, comment se porte-t-elle?

M. DIMANCHE. — Le mieux du monde.

DOM JUAN. — La jolie petite fille que c'est! je l'aime de tout
50 mon cœur.

M. DIMANCHE. — C'est trop d'honneur que vous lui faites, Monsieur. Je vous...

DOM JUAN. — Et le petit Colin, fait-il toujours bien du bruit avec son tambour?

55   M. DIMANCHE. — Toujours de même, Monsieur. Je...

DOM JUAN. — Et votre petit chien Brusquet? gronde-t-il toujours aussi fort, et mord-il toujours bien aux jambes les gens qui vont chez vous?

M. DIMANCHE. — Plus que jamais, Monsieur, et nous ne
60 saurions en chevir².

DOM JUAN. — Ne vous étonnez pas si je m'informe des nouvelles de toute la famille, car j'y prends beaucoup d'intérêt.

M. DIMANCHE. — Nous vous sommes, Monsieur, infiniment obligés. Je...

65   DOM JUAN, *lui tendant la main.* — Touchez donc là³, Monsieur Dimanche. Etes-vous bien de mes amis?

M. DIMANCHE. — Monsieur, je suis votre serviteur.

DOM JUAN. — Parbleu! je suis à vous de tout mon cœur.

M. DIMANCHE. — Vous m'honorez trop. Je...

70   DOM JUAN. — Il n'y a rien que je ne fisse pour vous.

M. DIMANCHE. — Monsieur, vous avez trop de bonté pour moi.

DOM JUAN. — Et cela sans intérêt, je vous prie de le croire.

M. DIMANCHE. — Je n'ai point mérité cette grâce assurément.
75 Mais, Monsieur...

DOM JUAN. — Oh çà⁴, Monsieur Dimanche, sans façon, voulez-vous souper avec moi?

---

1. Molière a pris ce mot dans un proverbe du temps : « Heureux comme le chien de Brusquet », mais il a fait passer au chien le nom du maître; 2. *Chevir* : en venir à bout. M. Dimanche, qui est du peuple, emploie encore ce vieux mot, sorti du bel usage; 3. *Toucher là, toucher dans la main* : voir page 47, note 1; 4. *Çà* signifie d'abord « ici », puis a le sens vague de « allons », seul ou avec une autre interjection; aujourd'hui encore « ah çà ».

M. DIMANCHE. — Non, Monsieur, il faut que je m'en retourne tout à l'heure[1]. Je...

80   DOM JUAN, *se levant*. — Allons, vite un flambeau pour conduire M. Dimanche, et que quatre ou cinq de mes gens prennent des mousquetons pour l'escorter[2].

M. DIMANCHE, *se levant de même*. — Monsieur, il n'est pas nécessaire, et je m'en irai bien tout seul. Mais... (3)
(Sganarelle ôte les sièges promptement.)

85   DOM JUAN. — Comment? Je veux qu'on vous escorte, et je m'intéresse trop à votre personne. Je suis votre serviteur, et de plus votre débiteur.

M. DIMANCHE. — Ah! Monsieur...

DOM JUAN. — C'est une chose que je ne cache pas, et je le
90 dis à tout le monde.

M. DIMANCHE. — Si...

DOM JUAN. — Voulez-vous que je vous reconduise?

M. DIMANCHE. — Ah! Monsieur, vous vous moquez. Monsieur...

95   DOM JUAN. — Embrassez-moi[3] donc, s'il vous plaît. Je vous prie encore une fois d'être persuadé que je suis tout à vous, et qu'il n'y a rien au monde que je ne fisse pour votre service. (4)
(Il sort.)

SGANARELLE. — Il faut avouer que vous avez en Monsieur un homme qui vous aime bien.

100 M. DIMANCHE. — Il est vrai; il me fait tant de civilités et tant de compliments, que je ne saurais jamais lui demander de l'argent.

---

1. *Tout à l'heure* : voir page 47, note 3; 2. En 1665, les rues de Paris étaient peu sûres. Elles ne commencèrent à être éclairées, et seulement pendant les cinq mois de l'hiver, que deux ans plus tard; 3. Courtoisie banale, mais entre gens du monde d'égale condition (voir à ce sujet la première scène du *Misanthrope*).

QUESTIONS

3. Étudiez le mécanisme du procédé comique : par quels moyens Dom Juan réussit-il à empêcher M. Dimanche de lui présenter sa requête? Montrez que l'effet comique ne lasse pas malgré sa répétition; comment Dom Juan imprime-t-il le mouvement à toute cette scène?

4. Pourquoi Dom Juan est-il le premier à parler de sa dette dont il n'a pas laissé M. Dimanche dire un mot? Le même trait de caractère ne s'est-il pas déjà révélé à l'égard des paysannes et à l'égard du Pauvre?

*CONTRASTE SG, et DJ
avec le créancier*

SGANARELLE. — Je vous assure que toute sa maison périrait
pour vous; et je voudrais qu'il vous arrivât quelque chose,
105 que quelqu'un s'avisât de vous donner des coups de bâton :
vous verriez de quelle manière...

M. DIMANCHE. — Je le crois; mais, Sganarelle, je vous prie
de lui dire un petit mot de mon argent.

SGANARELLE. — Oh! ne vous mettez pas en peine, il vous
110 paiera le mieux du monde.

M. DIMANCHE. — Mais vous, Sganarelle, vous me devez
quelque chose en votre particulier.

SGANARELLE. — Fi! ne parlez pas de cela.

M. DIMANCHE. — Comment? Je...

115 SGANARELLE. — Ne sais-je pas bien que je vous dois?

M. DIMANCHE. — Oui, mais...

SGANARELLE. — Allons, Monsieur Dimanche, je vais vous
éclairer.

M. DIMANCHE. — Mais mon argent...

120 SGANARELLE, *prenant M. Dimanche par le bras.* — Vous
moquez-vous?

M. DIMANCHE. — Je veux...

SGANARELLE, *le tirant.* — Eh!

M. DIMANCHE. — J'entends...

125 SGANARELLE, *le poussant.* — Bagatelles!

M. DIMANCHE. — Mais...

SGANARELLE, *le poussant.* — Fi!

M. DIMANCHE. — Je...

SGANARELLE, *le poussant tout à fait hors du théâtre.* — Fi!
130 vous dis-je. (5) (6)

─────── **QUESTIONS** ───────

5. Sganarelle est-il ici bon disciple de Dom Juan? Quel est l'effet de cette
scène redoublée?

6. SUR L'ENSEMBLE DE LA SCÈNE III. — M. Dimanche devint vite populaire.
(« Avez-vous sur les bras quelque Monsieur Dimanche? », écrit La Fontaine
en 1669 dans le prologue de *la Coupe enchantée.*) Molière a-t-il réussi à créer
un personnage bien vivant? Tracez son portrait.
— Comparez Dom Juan à Dorante, dans *le Bourgeois gentilhomme* (III, IV).

Scène IV. — DOM LOUIS, DOM JUAN, LA VIOLETTE, SGANARELLE.

LA VIOLETTE, *à Dom Juan*. — Monsieur, voilà Monsieur votre père.

DOM JUAN. — Ah! me voici bien : il me fallait cette visite pour me faire enrager. (7)

5 DOM LOUIS. — Je vois bien que je vous embarrasse, et que vous vous passeriez fort aisément de ma venue. A dire vrai, nous nous incommodons étrangement l'un et l'autre; et si vous êtes las de me voir, je suis bien las aussi de vos déportements. Hélas! que nous savons peu ce que nous faisons quand 10 nous ne laissons pas au Ciel le soin des choses qu'il nous faut, quand nous voulons être plus avisés que lui, et que nous venons¹ à l'importuner par nos souhaits aveugles et nos demandes inconsidérées! J'ai souhaité un fils avec des ardeurs non pareilles; je l'ai demandé sans relâche avec des transports² 15 incroyables; et ce fils, que j'obtiens en fatiguant le Ciel de vœux, est le chagrin et le supplice de cette vie même dont je croyais qu'il devait être la joie et la consolation. De quel œil, à votre avis, pensez-vous que je puisse voir cet amas d'actions indignes, dont on a peine, aux yeux du monde, d'adoucir le 20 mauvais visage, cette suite continuelle de méchantes³ affaires, qui nous réduisent, à toutes heures, à lasser les bontés du Souverain, et qui ont épuisé auprès de lui le mérite de mes services et le crédit de mes amis? Ah! quelle bassesse est la vôtre! Ne rougissez-vous point de mériter si peu votre nais-25 sance? Etes-vous en droit, dites-moi, d'en tirer quelque vanité? Et qu'avez-vous fait dans le monde pour être gentilhomme? Croyez-vous qu'il suffise d'en porter le nom et les armes, et que ce nous soit une gloire d'être sortis d'un sang noble lorsque nous vivons en infâmes? Non, non, la naissance n'est 30 rien où la vertu n'est pas. Aussi nous n'avons part à la gloire de nos ancêtres qu'autant que nous nous efforçons de leur ressembler; et cet éclat de leurs actions qu'ils répandent sur

---

1. Aujourd'hui l'on dirait : *nous en venons à...*; 2. *Transports :* voir page 28, note 6; 3. *Méchant :* ici, mauvais.

QUESTIONS

7. A-t-on déjà entendu parler de Dom Louis? Comment se succèdent les épisodes dans ce quatrième acte?

Celui qui ne tient pas ses
engagements.

nous, nous impose un engagement de leur faire le même honneur, de suivre les pas[1] qu'ils nous tracent, et de ne point dégé-
35 nérer de leurs vertus, si nous voulons être estimés leurs véritables descendants. Ainsi vous descendez en vain des aïeux
dont vous êtes né : ils vous désavouent pour leur sang, et tout
ce qu'ils ont fait d'illustre ne vous donne aucun avantage ;
au contraire, l'éclat n'en rejaillit sur vous qu'à votre déshonneur,
40 et leur gloire est un flambeau qui éclaire aux yeux d'un chacun
la honte de vos actions[2]. Apprenez enfin qu'un gentilhomme
qui vit mal est un monstre dans la nature, que la vertu est le
premier titre de noblesse[3], que je regarde bien moins au nom
qu'on signe qu'aux actions qu'on fait, et que je ferais plus
45 d'état[4] du fils d'un crocheteur qui serait honnête homme,
que du fils d'un monarque qui vivrait comme vous. **(8)**

DOM JUAN. — Monsieur, si vous étiez assis, vous en seriez
mieux pour parler. **(9)**

DOM LOUIS. — Non, insolent, je ne veux point m'asseoir
50 ni parler davantage, et je vois bien que toutes mes paroles
ne font rien sur ton âme. Mais sache, fils indigne, que la tendresse paternelle est poussée à bout par tes actions, que je
saurai, plus tôt que tu ne penses, mettre une borne à tes
déréglements, prévenir sur toi le courroux du Ciel[5], et

---

1. C'est-à-dire l'empreinte des pas, les traces ; 2. Molière se souvient ici d'une phrase
de Salluste (Discours de Marius, *Jugurtha*, LXXXV) : *Majorum gloria posteris quasi
lumen est, neque bona neque mala eorum in occulto patitur* (« La gloire des ancêtres est
comme un flambeau pour leurs descendants, elle ne laisse dans l'ombre ni les vertus, ni
les vices de ceux-ci »), ou peut-être de ces vers de Juvénal :

> *Incipit ipsorum contra te stare parentum*
> *Nobilitas, claramque facem præferre pudendis*

(« La noblesse de tes propres parents se dresse en face de toi et éclaire de la lumière d'une
torche tes ignominies ») ; 3. C'est, adaptée aux mœurs françaises, la sentence même de
Juvénal (Satire VIII) : *Nobilitas sola est atque unica virtus* (« La vertu est la seule et
unique noblesse ») ; 4. Plus de cas (on dit encore : faire état de quelque chose) ; 5. Te punir
avant que le Ciel s'en charge (*prévenir* : devancer). C'est un souvenir inversé de ces deux
vers de Dorimond (I, v) :

> Le Ciel, juste vengeur, saura bien prévenir
> L'état de mon courroux, et bientôt te punir.

QUESTIONS

8. Analysez le discours de Dom Louis : le caractère à la fois logique et
passionné avec lequel il exprime l'idéal moral d'une classe sociale. — Étudiez
le vocabulaire et le style. Quelle maxime est au centre de ce discours ?

9. Dans les pièces de Villiers et de Dorimond, Dom Juan, exaspéré des
discours sans fin de son père, le frappait ignoblement : l'insolente courtoisie
du Dom Juan de Molière est-elle plus conforme à la logique de son personnage ?

égalité

⁵⁵ laver par ta punition la honte de t'avoir fait naître. **(10)**
(Il sort.)

Scène V. — DOM JUAN, SGANARELLE.

DOM JUAN. — Eh! mourez le plus tôt que vous pourrez, c'est le mieux que vous puissiez faire. Il faut que chacun ait son tour, et j'enrage de voir des pères qui vivent autant que leurs fils.

(Il se met dans son fauteuil.)

⁵ SGANARELLE. — Ah! Monsieur, vous avez tort.

DOM JUAN. — J'ai tort?

SGANARELLE, *tremblant.* — Monsieur...

DOM JUAN, *se lève de son siège.* — J'ai tort?

SGANARELLE. — Oui, Monsieur, vous avez tort d'avoir ¹⁰ souffert ce qu'il vous a dit, et vous le deviez mettre dehors par les épaules. A-t-on jamais rien vu de plus impertinent¹? Un père venir faire des remontrances à son fils, et lui dire de corriger ses actions, de se ressouvenir de sa naissance, de mener une vie d'honnête homme, et cent autres sottises ¹⁵ de pareille nature! Cela se peut-il souffrir à un homme² comme vous, qui savez comme il faut vivre? J'admire votre patience, et si j'avais été en votre place, je l'aurais envoyé promener. *(A part.)* O complaisance maudite! à quoi me réduis-tu?

DOM JUAN. — Me fera-t-on souper bientôt? **(11)**

---

1. *Impertinent :* inconvenant. Si l'on entend ainsi le mot dans son sens étymologique, on voit l'ironie des paroles qui suivent : c'est justement à « un père » qu'il convient de « faire des remontrances à son fils »; 2. Cela peut-il être souffert par un homme...

─── **QUESTIONS** ───────────────

10. Sur l'ensemble de la scène IV. — Comparez le discours de Dom Louis aux reproches adressés par Géronte à son fils Dorante dans *le Menteur* de Corneille (V, III). Est-il étonnant que Molière rejoigne ici Corneille? Mais la situation n'est-elle pas plus pathétique ici?

— La satire sociale dans cette scène : les bourgeois, ridiculisés dans la scène avec M. Dimanche, n'ont-ils pas ici leur revanche?

11. Sur la scène V. — L'attitude de Dom Juan à l'égard de son père vous semble-t-elle plus odieuse que celle de Cléante à l'égard d'Harpagon?

— Sganarelle est-il plus courageux ici pour faire des remontrances à son maître? Le double sens de ce discours peut-il échapper à Dom Juan? Pourquoi celui-ci ne proteste-t-il pas?

Scène VI. — DOM JUAN, DONE ELVIRE, RAGOTIN, SGANARELLE.

RAGOTIN. — Monsieur, voici une dame voilée qui vient vous parler.

DOM JUAN. — Que pourrait-ce être?

SGANARELLE. — Il faut voir.

5 DONE ELVIRE. — Ne soyez point surpris, Dom Juan, de me voir à cette heure et dans cet équipage[1]. C'est un motif pressant qui m'oblige à cette visite, et ce que j'ai à vous dire ne veut point du tout de retardement[2]. Je ne viens point ici pleine de ce courroux que j'ai tantôt fait éclater, et vous me
10 voyez bien changée de ce que j'étais ce matin. Ce n'est plus cette Done Elvire qui faisait des vœux contre vous, et dont l'âme irritée ne jetait que menaces et ne respirait que vengeance. Le Ciel a banni de mon âme toutes ces indignes ardeurs que je sentais pour vous, tous ces transports tumultueux d'un atta-
15 chement criminel, tous ces honteux emportements d'un amour terrestre et grossier; et il n'a laissé dans mon cœur pour vous qu'une flamme épurée de tout le commerce des sens, une tendresse toute sainte, un amour détaché de tout, qui n'agit point pour soi, et ne se met en peine que de votre intérêt. (12)

20 DOM JUAN, *bas à Sganarelle*. — Tu pleures, je pense.

SGANARELLE. — Pardonnez-moi.

DONE ELVIRE. — C'est ce parfait et pur amour qui me conduit ici pour votre bien, pour vous faire part d'un avis du Ciel, et tâcher de vous retirer du précipice où vous courez. Oui,
25 Dom Juan, je sais tous les dérèglements de votre vie, et ce même Ciel qui m'a touché le cœur et fait jeter les yeux sur les égarements de ma conduite, m'a inspiré de vous venir trouver, et de vous dire, de sa part, que vos offenses ont épuisé

---

1. Voir page 36, note 5. Elle se présente dans un costume presque monacal; 2. Retard. Très employé au XVIIe siècle, qui aimait les mots en *ment*, ce dont le père Bouhours s'irrite.

———— **QUESTIONS** ————

12. Cette transformation de Done Elvire était-elle prévisible d'après ce que l'on a vu de son caractère à l'acte premier? Semble-t-elle capable d'amour mystique?

sa miséricorde, que sa colère redoutable est prête de[1] tomber
30 sur vous, qu'il est en vous de l'éviter par un prompt repentir,
et que peut-être vous n'avez pas encore un jour à vous pouvoir
soustraire au plus grand de tous les malheurs. Pour moi, je
ne tiens plus à vous par aucun attachement du monde ; je suis
revenue, grâces au Ciel, de toutes mes folles pensées ; ma
35 retraite est résolue, et je ne demande qu'assez de vie pour
pouvoir expier la faute que j'ai faite, et mériter, par une austère
pénitence, le pardon de l'aveuglement où m'ont plongée les
transports d'une passion condamnable. Mais, dans cette retraite,
j'aurais une douleur extrême qu'une personne que j'ai chérie
40 tendrement devînt un exemple funeste de la justice du Ciel ;
et ce me sera une joie incroyable si je puis vous porter à détourner de dessus votre tête l'épouvantable coup qui vous menace.
De grâce, Dom Juan, accordez-moi, pour dernière faveur,
cette douce consolation ; ne me refusez point votre salut, que
45 je vous demande avec larmes ; et si vous n'êtes point touché
de votre intérêt, soyez-le au moins de mes prières, et m'épar-
gnez[2] le cruel déplaisir[3] de vous voir condamner à des supplices
éternels. (13)

SGANARELLE, *à part.* — Pauvre femme !

50 DONE ELVIRE. — Je vous ai aimé avec une tendresse extrême,
rien au monde ne m'a été si cher que vous ; j'ai oublié mon
devoir pour vous, j'ai fait toutes choses pour vous ; et toute
la récompense que je vous en demande, c'est de corriger votre
vie, et de prévenir votre perte. Sauvez-vous, je vous prie, ou
55 pour l'amour de vous, ou pour l'amour de moi. Encore une fois,
Dom Juan, je vous le demande avec larmes ; et si ce n'est assez
des larmes d'une personne que vous avez aimée, je vous en
conjure par tout ce qui est le plus capable de vous toucher. (14)

---

1. La distinction entre *près de* et *prêt à* n'apparaît point avant le *Dictionnaire de l'Aca-*
démie, en 1694, et il arrive encore aux meilleurs écrivains du XVIIIe siècle de confondre
prêt de, *prêt à* et *près de ;* 2. Sur cette place du pronom devant un second verbe à l'impératif, voir page 72, note 4 ; 3. *Déplaisir :* violente douleur.

QUESTIONS

13. Analysez le mouvement de ce discours : la menace du châtiment
céleste a-t-elle le même ton qu'à la dernière réplique d'Elvire à la scène III
de l'acte premier (voir question 18, page 41)? Sa résolution de faire retraite
a-t-elle complètement supprimé son sentiment pour Dom Juan?
14. La progression du pathétique dans cette troisième réplique : relevez
tous les mots qui sont destinés à émouvoir le sentiment de Dom Juan.

SGANARELLE, *à part, regardant Dom Juan*. — Cœur de tigre!

60 DONE ELVIRE. — Je m'en vais, après ce discours, et voilà tout ce que j'avais à vous dire.

DOM JUAN. — Madame, il est tard, demeurez ici : on vous y logera le mieux qu'on pourra.

DONE ELVIRE. — Non, Dom Juan, ne me retenez pas davan-65 tage.

DOM JUAN. — Madame, vous me ferez plaisir de demeurer, je vous assure. **(15)**

DONE ELVIRE. — Non, vous dis-je, ne perdons point de temps en discours superflus. Laissez-moi vite aller, ne faites 70 aucune instance[1] pour me conduire, et songez seulement à profiter de mon avis. **(16)**

Scène VII. — DOM JUAN, SGANARELLE, suite.

DOM JUAN. — Sais-tu que j'ai encore senti quelque peu d'émotion pour elle, que j'ai trouvé de l'agrément dans cette nouveauté bizarre, et que son habit négligé, son air languissant et ses larmes ont réveillé en moi quelques petits restes 5 d'un feu éteint? **(17)**

SGANARELLE. — C'est-à-dire que ses paroles n'ont fait aucun effet sur vous.

DOM JUAN. — Vite à souper.

SGANARELLE. — Fort bien.

10 DOM JUAN, *se mettant à table*. — Sganarelle, il faut songer à s'amender pourtant.

SGANARELLE. — Oui-da!

DOM JUAN. — Oui, ma foi! il faut s'amender; encore vingt ou trente ans de cette vie-ci, et puis nous songerons à nous.

---

1. *Instance :* prière instante.

QUESTIONS

15. L'attitude de Dom Juan dans cette scène : comparez-la à celle qu'il a adoptée en présence de son père et aussi à celle qu'il a prise à l'égard de Done Elvire au premier acte.

16. SUR L'ENSEMBLE DE LA SCÈNE VI. — Le rôle de Done Elvire dans l'ensemble de l'action : dans quelle mesure sa réapparition donne-t-elle une certaine continuité à l'intrigue?

17. Est-ce vraiment un sentiment d'amour que Dom Juan éprouve encore pour done Elvire?

15 SGANARELLE. — Oh! **(18)**

DOM JUAN. — Qu'en dis-tu?

SGANARELLE. — Rien. Voilà le souper.

(Il prend un morceau d'un des plats qu'on apporte, et le met dans sa bouche.)

DOM JUAN. — Il me semble que tu as la joue enflée; qu'est-ce que c'est? Parle donc, qu'as-tu là?

20 SGANARELLE. — Rien.

DOM JUAN. — Montre un peu. Parbleu! c'est une fluxion qui lui est tombée sur la joue. Vite une lancette pour percer cela. Le pauvre garçon n'en peut plus, et cet abcès le pourrait étouffer. Attends : voyez comme il était mûr. Ah! coquin

25 que vous êtes[1]!

SGANARELLE. — Ma foi! Monsieur, je voulais voir si votre cuisinier n'avait point mis trop de sel ou trop de poivre.

DOM JUAN. — Allons, mets-toi là, et mange. J'ai affaire de[2] toi quand j'aurai soupé. Tu as faim, à ce que je vois.

30 SGANARELLE, *se met à table.* — Je le crois bien, Monsieur : je n'ai point mangé depuis ce matin. Tâtez[3] de cela, voilà qui est le meilleur du monde.

(Un laquais ôte les assiettes de Sganarelle d'abord[4] qu'il y a dessus à manger.)

Mon assiette, mon assiette! tout doux, s'il vous plaît. Vertubleu! petit compère, que vous êtes habile à donner des assiettes

35 nettes[5]! Et vous, petit la Violette, que vous savez présenter à boire à propos!

(Pendant qu'un laquais donne à boire à Sganarelle, l'autre laquais ôte encore son assiette[6].) **(19)**

1: Nous entendons ainsi ces jeux de scène : le naïf Sganarelle, effrayé de la lancette dont le menace son maître, dégonfle sa joue; et Dom Juan feint de croire que l'abcès a percé de lui-même. Mais Sganarelle imprudemment se met à mâcher le morceau, et Dom Juan change de ton : *Ah! coquin...;* 2. *J'ai affaire de* : j'ai besoin de; 3. *Tâter :* ici, goûter; 4. Aussitôt; 5. *Net :* propre; 6. Dans le scénario des comédiens italiens, la scène du souper était pleine d'énormes lazzis; Molière s'en souvient, mais ceux qu'il invente sont plus naturels et plus décents.

■ QUESTIONS

18. Molière avait trouvé chez Dorimond et chez Villiers l'idée du repentir de Dom Juan, repentir momentané et sincère. Que devient ici cette bonne intention? Appréciez le *Oh!* scandalisé de Sganarelle.

19. L'effet de ces bouffonneries après les scènes pathétiques qui viennent d'avoir lieu et avant la scène terrifiante qui va se produire. Est-ce seulement pour détendre le spectateur?

DOM JUAN. — Qui peut frapper de cette sorte?

SGANARELLE. — Qui [diable] nous vient troubler dans notre repas?

40 DOM JUAN. — Je veux souper en repos au moins, et qu'on ne laisse entrer personne.

SGANARELLE. — Laissez-moi faire, je m'y en vais moi-même.

DOM JUAN, *voyant revenir Sganarelle effrayé.* — Qu'est-ce donc? Qu'y a-t-il?

45 SGANARELLE, *baissant la tête comme a fait la Statue.* — Le... qui est là!

DOM JUAN. — Allons voir, et montrons que rien ne me saurait ébranler. **(20)**

SGANARELLE. — Ah! pauvre Sganarelle, où te cacheras-tu? **(21)**

SCÈNE VIII. — DOM JUAN, LA STATUE DU COMMANDEUR, QUI VIENT SE METTRE A TABLE, SGANARELLE, SUITE.

DOM JUAN, *à ses gens.* — Une chaise et un couvert, vite donc. *(A Sganarelle.)* Allons, mets-toi à table.

SGANARELLE. — Monsieur, je n'ai plus de faim.

DOM JUAN. — Mets-toi là, te dis-je. A boire. A la santé du
5 Commandeur : je te la porte, Sganarelle. Qu'on lui donne du vin.

SGANARELLE. — Monsieur, je n'ai pas soif.

DOM JUAN. — Bois, et chante ta chanson[1], pour régaler[2] le Commandeur.

10 SGANARELLE. — Je suis enrhumé, Monsieur.

---

1. Molière suit Dorimond : chez celui-ci le valet refusait de chanter, et l'ombre elle-même, comme ici, mettait fin à l'insistance de Dom Juan en disant : « C'est assez, Dom Juan... » Dans la pièce de Villiers, au contraire, Philipin chantait les amours de son maître.
2. *Régaler* : offrir une partie de plaisir, d'où fêter.

QUESTIONS

20. Importance de cette réplique de Dom Juan : en quoi confirme-t-elle son orgueil?

21. SUR L'ENSEMBLE DE LA SCÈNE VII. — Est-ce une simple scène de transition? Pourquoi ce souper, retardé jusqu'ici par des visiteurs importuns, est-il impatiemment attendu par le spectateur?

DOM JUAN. — Il n'importe. Allons. Vous autres, venez, accompagnez sa voix.

LA STATUE. — Dom Juan, c'est assez. Je vous invite à venir demain souper avec moi. En aurez-vous le courage?

15 DOM JUAN. — Oui, j'irai, accompagné du seul Sganarelle.

SGANARELLE. — Je vous rends grâce, il est demain jeûne pour moi.

DOM JUAN, *à Sganarelle.* — Prends ce flambeau.

LA STATUE. — On n'a pas besoin de lumière, quand on est 20 conduit par le Ciel[1]. (22) (23)

---

1. Inspiré de Cicognini, qui fait dire à la Statue : *Non ho più bisogno di lume terreno* (« Je n'ai plus besoin de lumière terrestre »). Ce dernier mot a été excellemment remplacé par la seconde proposition de Molière. Molière imite encore Cicognini en ne prêtant au Commandeur que quelques paroles, au lieu de nous le montrer, comme Dorimond ou Villiers, discourant sans fin, de la manière la plus ridicule.

——— QUESTIONS ———————————————————

22. SUR L'ENSEMBLE DE LA SCÈNE VIII. — D'après les notes 1 de la page 91 et 1 de la page 92, comment Molière a-t-il utilisé les œuvres de ses prédécesseurs? Pourquoi avoir donné une telle concision à cette scène tant attendue? A quoi se réduit le rôle de la statue? En mettant sans cesse le pauvre Sganarelle en avant, Dom Juan ne cherche-t-il pas à esquiver sa propre responsabilité devant le prodige?

23. SUR L'ENSEMBLE DE L'ACTE IV. — La composition de cet acte : pourquoi pourrait-on l'appeler l' « épisode des fâcheux »? Combien de fois Dom Juan réclame-t-il son souper au cours de cet acte? Où se place la scène la plus attendue et quel effet Molière en tire-t-il?

— Le caractère de Dom Juan dans cet acte : se complète-t-il de traits nouveaux? Dans quelle mesure peut-on même dire que le caractère de Dom Juan évolue, et en quel sens?

Phot. Bernand.

Dom Juan (Jean Debucourt) et Sganarelle (Fernand Ledoux) devant le tombeau
du Commandeur.
Comédie-Française (1951).

Phot. Bernand.

Dom Juan (Jean Vilar) et Sganarelle (Daniel Sorano).
Théâtre national populaire (1952).

Phot. Larousse.

« Une chaise et un couvert. Vite donc. » (Acte IV, scène XII.)

ILLUSTRATION DE MOREAU LE JEUNE (1806)

après la rencontre avec la Statue

ACTE V

Le théâtre représente la campagne aux portes de la ville.

Scène première. — DOM LOUIS, DOM JUAN, SGANARELLE.

DOM LOUIS. — Quoi? mon fils, serait-il possible que la bonté du Ciel eût exaucé mes vœux? Ce que vous me dites est-il bien vrai? ne m'abusez-vous point d'un faux espoir, et puis-je prendre quelque assurance sur[1] la nouveauté surprenante d'une
5 telle conversion? **(1)**

DOM JUAN, *faisant l'hypocrite.* — Oui, vous me voyez revenu de toutes mes erreurs; je ne suis plus le même d'hier[2] au soir, et le Ciel tout d'un coup a fait en moi un changement qui va surprendre tout le monde : il a touché mon âme et dessillé[3]
10 mes yeux, et je regarde avec horreur le long aveuglement où j'ai été, et les désordres criminels de la vie que j'ai menée. J'en repasse dans mon esprit toutes les abominations, et m'étonne comme le Ciel les a pu souffrir si longtemps, et n'a pas vingt fois sur ma tête laissé tomber les coups de sa justice
15 redoutable. Je vois les grâces que sa bonté m'a faites en ne me punissant point de mes crimes; et je prétends en profiter comme je dois, faire éclater aux yeux du monde un soudain changement de vie, réparer par là le scandale de mes actions passées, et m'efforcer d'en obtenir du Ciel une pleine rémission[4]. C'est à
20 quoi je vais travailler; et je vous prie, Monsieur, de vouloir bien contribuer à ce dessein, et de m'aider vous-même à faire choix d'une personne qui me serve de guide[5], et sous la conduite

Obtenir contre du même ?

---

1. Avoir confiance dans; 2. *Le même de*, au lieu de *le même que*, se retrouve au début comme à la fin du XVIIᵉ siècle; 3. *Dessiller* (qui devrait s'écrire *déciller*), terme de fauconnerie : découdre les paupières du faucon qu'on avait cousues (cillées) pour le dresser; d'où, au sens figuré : ouvrir les yeux à la vérité; 4. *Rémission : pardon*; 5. C'est-à-dire un directeur de conscience.

QUESTIONS

1. L'effet de surprise provoqué par cette réplique de Dom Louis.

de qui je puisse marcher sûrement dans le chemin où je m'en
vais entrer. **(2)**

25   DOM LOUIS. — Ah! mon fils, que la tendresse d'un père
est aisément rappelée, et que les offenses d'un fils s'évanouissent
vite au moindre mot de repentir! Je ne me souviens plus déjà
de tous les déplaisirs[1] que vous m'avez donnés, et tout est
effacé par les paroles que vous venez de me faire entendre.
30 Je ne me sens pas[2], je l'avoue; je jette des larmes de joie; tous
mes vœux sont satisfaits, et je n'ai plus rien désormais à demander au Ciel. Embrassez-moi, mon fils, et persistez, je vous
conjure, dans cette louable pensée. Pour moi, j'en vais tout
de ce pas porter l'heureuse nouvelle à votre mère, partager
35 avec elle les doux transports du ravissement où je suis, et
rendre grâce au Ciel des saintes résolutions qu'il a daigné
vous inspirer. **(3) (4)**

SCÈNE II. — DOM JUAN, SGANARELLE.

SGANARELLE. — Ah! Monsieur, que j'ai de joie de vous
voir converti! Il y a longtemps que j'attendais cela, et voilà,
grâce au Ciel, tous mes souhaits accomplis.

DOM JUAN. — La peste le benêt[3]!

5   SGANARELLE. — Comment, le benêt?

DOM JUAN. — Quoi? tu prends pour de bon argent ce que

---

1. Voir page 88, note 3; 2. Je ne suis plus maître de mes sentiments (ici sous l'effet
de la joie); 3. Sur cette expression, voir page 73, note 2.

QUESTIONS

2. Si le texte n'indiquait pas que Dom Juan « fait l'hypocrite », devinerait-on
que sa conversion est feinte? — Relevez dans cette profession de foi les termes
empruntés au vocabulaire de la dévotion. Comparez les expressions de Dom
Juan à celles de Done Elvire (acte IV, scène VI), qui est animée d'une charité
profonde et sincère : n'y a-t-il pas chez Dom Juan une emphase suspecte?

3. Comment se complète ici le portrait de Dom Louis? L'impression du
spectateur qui se rappelle les souhaits de Dom Juan (acte IV, début de la
scène V).

4. SUR L'ENSEMBLE DE LA SCÈNE PREMIÈRE. — Le rebondissement de l'action
provoqué par la nouvelle attitude de Dom Juan; impression du spectateur.

— L'hypocrisie de Dom Juan : quels traits de son caractère peuvent l'y
prédisposer (voir en particulier son attitude en face de Done Elvire, acte premier, scène III); lesquels s'y opposent?

je viens de dire, et tu crois que ma bouche était d'accord avec mon cœur?

SGANARELLE. — Quoi? ce n'est pas... Vous ne... Votre...
10 *(A part.)* Oh! quel homme! quel homme! quel homme!

DOM JUAN. — Non, non, je ne suis point changé, et mes sentiments sont toujours les mêmes. (5)

SGANARELLE. — Vous ne vous rendez pas à la surprenante merveille de cette statue mouvante et parlante?

DOM JUAN. — Il y a bien quelque chose là dedans que je
15 ne comprends pas; mais quoi que ce puisse être, cela n'est pas capable ni de convaincre mon esprit, ni d'ébranler mon âme; et si j'ai dit que je voulais corriger ma conduite et me jeter dans un train de vie exemplaire, c'est un dessein que j'ai formé par pure politique[1], un stratagème utile, une gri-
20 mace[2] nécessaire où[3] je veux me contraindre, pour ménager un père dont j'ai besoin, et me mettre à couvert, du côté des hommes, de cent fâcheuses aventures qui pourraient m'arriver. Je veux bien, Sganarelle, t'en faire confidence, et je suis bien
25 aise d'avoir un témoin du fond de mon âme et des véritables motifs qui m'obligent à faire les choses. (6)

SGANARELLE. — Quoi? vous ne croyez rien du tout[4], et vous voulez cependant vous ériger en homme de bien?

DOM JUAN. — Et pourquoi non? Il y en a tant d'autres comme
30 moi, qui se mêlent de ce métier, et qui se servent du même masque pour abuser le monde!

SGANARELLE, *à part.* — Ah! quel homme! quel homme!

DOM JUAN. — Il n'y a plus de honte maintenant à cela : l'hypocrisie est un vice à la mode, et tous les vices à la mode
35 passent pour vertus. Le personnage d'homme de bien est

---

1. *Politique :* « Conduite fine et adroite dont la fin est de se maintenir ou de devenir heureux » (Richelet, 1680); 2. Voir page 61, note 1; 3. A laquelle; 4. L'édition censurée atténue : « Quoi ? toujours libertin et débauché... »

QUESTIONS

5. Est-il naturel que Dom Juan révèle son secret à Sganarelle? Quelle satisfaction trouve-t-il à cette confidence?

6. L'utilité de l'hypocrisie : relevez dans ce propos de Dom Juan tous les mots qui expriment les *avantages* de l'hypocrisie. Dom Juan était-il jusqu'ici si soucieux de ses intérêts? En quoi Dom Juan complète-t-il ici le personnage de Tartuffe?

le meilleur de tous les personnages qu'on puisse jouer aujour-
d'hui, et la profession d'hypocrite a de merveilleux avantag
C'est un art de qui[1] l'imposture est toujours respectée[2] ;
quoi qu'on la découvre, on n'ose rien dire contre elle. Tou
40 les autres vices des hommes sont exposés à la censure, et chac
a la liberté de les attaquer hautement ; mais l'hypocrisie
un vice privilégié, qui, de sa main, ferme la bouche à to
le monde[3], et jouit en repos d'une impunité souveraine. O
lie, à force de grimaces[4], une société étroite avec tous les ge
45 du parti[5]. Qui en choque[6] un, se les jette tous sur les br
et ceux que l'on sait même agir de bonne foi là-dessus, et q
chacun connaît pour être véritablement touchés[7], ceux-
dis-je, sont toujours les dupes des autres ; ils donnent hau
ment[8] dans le panneau des grimaciers, et appuient aveug
50 ment les singes de leurs actions. Combien crois-tu que j'
connaisse qui, par ce stratagème, ont rhabillé[9] adroitement
désordres de leur jeunesse, qui se sont fait un bouclier
manteau de la religion, et, sous cet habit respecté, ont la p
mission d'être les plus méchants hommes du monde ? On
55 beau savoir leurs intrigues et les connaître pour ce qu'ils son
ils ne laissent pas pour cela d'être en crédit parmi les gen
et quelque baissement de tête, un soupir mortifié[10], et de
roulements d'yeux rajustent dans le monde tout ce qu'
peuvent faire. C'est sous cet abri favorable que je veux
60 sauver, et mettre en sûreté mes affaires. Je ne quitterai po
mes douces habitudes ; mais j'aurai soin de me cacher et
divertirai à petit bruit. Que si je viens à être découvert,
verrai, sans me remuer, prendre mes intérêts à toute la cabale
et je serai défendu par elle envers et contre tous. Enfin c'
65 là le vrai moyen de faire impunément tout ce que je voudr
Je m'érigerai en censeur des actions d'autrui, jugerai mal[12]
tout le monde, et n'aurai bonne opinion que de moi. L

---

1. *De qui* : dont ; **2.** Molière n'entend pas simplement que l'on respecte la perso
des hypocrites, mais que l'on se garde de voir ou de dévoiler leur artifice ; **3.** Allus
fort claire, en 1665, à l'interdiction du *Tartuffe*, l'année d'avant ; **4.** *Grimaces* : voir page
note [5] ; **5.** On forme une association étroite avec tous les gens du parti dévot ; **6.** *Choqu*
se heurter à, offenser (sens beaucoup plus récent) ; **7.** *Touc*
atteint par la grâce de Dieu ; **8.** Cet adverbe, bien impropre, est corrigé par *bonnem*
dans l'édition cartonnée ; **9.** *Rhabiller* : réparer (sens le plus ancien du mot) ; **10.** *Se m*
tifier, au sens religieux : faire mourir en soi la chair et ses plaisirs. *Un soupir mort*
le soupir d'un dévot qui se mortifie ; **11.** Molière ne dit pas, mais le public devrait enten
la cabale des dévots, comme on appelait volontiers les pieuses associations telles
la *Compagnie du Saint-Sacrement*, en général fort ennemies du théâtre ; **12.** *Mal* : défe
rablement. On dit encore en ce sens : se faire mal juger.

qu'une fois on m'aura choqué[1] tant soit peu, je ne pardonnerai
jamais et garderai tout doucement une haine irréconciliable.
70 Je ferai[2] le vengeur des intérêts du Ciel[3], et, sous ce prétexte
commode, je pousserai mes ennemis[4], je les accuserai d'impiété,
et saurai déchaîner contre eux des zélés[5] indiscrets, qui, sans
connaissance de cause, crieront en public contre eux, qui
les accableront d'injures, et les damneront hautement de leur
75 autorité privée. C'est ainsi qu'il faut profiter des faiblesses des
hommes, et qu'un sage esprit s'accommode aux vices de son
siècle. (7)

SGANARELLE. — O Ciel! qu'entends-je ici? Il ne vous man-
quait plus que d'être hypocrite pour vous achever de tout
80 point, et voilà le comble des abominations. Monsieur, cette
dernière-ci m'emporte[6] et je ne puis m'empêcher de parler.
Faites-moi tout ce qu'il vous plaira, battez-moi, assommez-
moi de coups, tuez-moi, si vous voulez : il faut que je décharge
mon cœur, et qu'en valet fidèle je vous dise ce que je dois.
85 Sachez, Monsieur, que tant va la cruche à l'eau, qu'enfin elle
se brise; et comme dit fort bien cet auteur que je ne connais
pas, l'homme est en ce monde ainsi que l'oiseau sur la branche;
la branche est attachée à l'arbre; qui s'attache à l'arbre, suit
de bons préceptes[7]; les bons préceptes valent mieux que les
90 belles paroles; les belles paroles se trouvent à la cour; à la
cour sont les courtisans; les courtisans suivent la mode; la
mode vient de la fantaisie[8]; la fantaisie est une faculté de
l'âme; l'âme est ce qui nous donne la vie; la vie finit par la

---

1. *Choquer* : voir page 96, note 6; 2. Je jouerai le rôle de; 3. L'édition cartonnée cor-
rige : « de la vertu opprimée »; 4. Expression militaire : presser et faire reculer; 5. *Des
zélés* : des hommes pleins d'une foi ardente (sens fréquent du mot *zèle* chez Molière;
voir *le Tartuffe*). Molière a repris lui-même une partie de cette phrase dans sa préface
du *Tartuffe*, en 1669 : [Les hypocrites] « font crier en public des zélés indiscrets, qui me
disent des injures pieusement et me damnent par charité »; 6. M'entraîne malgré moi.
L'emploi figuré du mot est aujourd'hui plus limité qu'au XVIIe siècle; 7. Autre forme
sans doute du dicton *se tenir au gros de l'arbre*, à l'opinion la mieux établie; 8. *Fantaisie* :
imagination.

QUESTIONS

7. Analysez cette longue déclaration sur l'hypocrisie. Comparez-la à la
tirade de Cléante dans *le Tartuffe* (I, v, v. 351-407). Dans quelle mesure Dom
Juan est-il le porte-parole de Molière? Pourquoi insiste-t-il sur la complicité
qui lie entre eux les hypocrites? Avait-il déjà dans *le Tartuffe* mis en lumière
cette association de faux dévots?

mort[1]; la mort nous fait penser au Ciel; le Ciel est au-dessus
95 de la terre; la terre n'est point la mer; la mer est sujette aux
orages; les orages tourmentent les vaisseaux; les vaisseaux ont
besoin d'un bon pilote; un bon pilote a de la prudence; la
prudence n'est point dans les jeunes gens; les jeunes gens
doivent obéissance aux vieux; les vieux aiment les richesses;
100 les richesses font les riches; les riches ne sont pas pauvres;
les pauvres ont de la nécessité[2]; nécessité n'a point de loi;
qui n'a point de loi vit en bête brute; et, par conséquent, vous
serez damné à tous les diables[3]. (8)

DOM JUAN. — Ô beau raisonnement!

105 SGANARELLE. — Après cela, si vous ne vous rendez, tant pis
pour vous. (9)

SCÈNE III. — DOM CARLOS, DOM JUAN, SGANARELLE.

DOM CARLOS. — Dom Juan, je vous trouve à propos, et
suis bien aise de vous parler ici plutôt que chez vous, pour
vous demander vos résolutions. Vous savez que ce soin me
regarde, et que je me suis en votre présence chargé de cette
5 affaire. Pour moi, je ne le cèle point, je souhaite fort que les
choses aillent dans la douceur[4]; et il n'y a rien que je ne fasse
pour porter votre esprit à vouloir prendre cette voie, et pour
vous voir publiquement confirmer à ma sœur le nom de votre
femme.

10 DOM JUAN, *d'un ton hypocrite*. — Hélas! je voudrais bien,
de tout mon cœur, vous donner la satisfaction que vous souhai-
tez; mais le Ciel s'y oppose directement : il a inspiré à mon

---

1. Dans l'édition censurée, toute la suite des propos de Sganarelle est remplacée par :
« ... hé... songez à ce que vous deviendrez »; 2. *Nécessité* : dénuement; 3. Cette construction
rappelle le sens étymologique de *damner* : condamner; 4. En douceur.

——— QUESTIONS ———

8. Les bouffonneries de Sganarelle : leur mécanisme comique; à quel effet
sont-elles destinées après l'invective contre les dévots? Comparez le rôle de
Sganarelle à celui qu'il a joué à la fin de la scène première de l'acte III.

9. SUR L'ENSEMBLE DE LA SCÈNE II. — Molière polémiste : quels adversaires
vise-t-il ici? Son attaque est-elle plus directe que dans *le Tartuffe*? En quoi
l'hypocrisie de Dom Juan est-elle plus odieuse encore que celle de Tartuffe?
— L'aspect polémique de cette scène nuit-il à la continuité de l'action?
Comparez le portrait que Dom Juan fait ici de lui-même avec celui qu'il a
fait à l'acte premier, scène II.

âme le dessein de changer de vie, et je n'ai point d'autres
pensées maintenant que de quitter entièrement tous les atta-
15 chements du monde[1], de me dépouiller au plus tôt de toutes
sortes de vanités, et de corriger désormais par une austère
conduite tous les dérèglements criminels où m'a porté le feu
d'une aveugle jeunesse.

DOM CARLOS. — Ce dessein, Dom Juan, ne choque[2] point
20 ce que je dis; et la compagnie d'une femme légitime peut
bien s'accommoder avec les louables pensées que le Ciel vous
inspire.

DOM JUAN. — Hélas! point du tout. C'est un dessein que
votre sœur elle-même a pris : elle a résolu sa retraite, et nous
25 avons été touchés[3] tous deux en même temps.

DOM CARLOS. — Sa retraite ne peut nous satisfaire, pouvant
être imputée au mépris que vous feriez d'elle et de notre famille;
et notre honneur demande qu'elle vive avec vous.

DOM JUAN. — Je vous assure que cela ne se peut. J'en avais,
30 pour moi, toutes les envies du monde, et me suis même encore
aujourd'hui conseillé au Ciel[4] pour cela; mais, lorsque je l'ai
consulté, j'ai entendu une voix qui m'a dit que je ne devais
point songer à votre sœur, et qu'avec elle assurément je ne
ferais point mon salut.

35 DOM CARLOS. — Croyez-vous, Dom Juan, nous éblouir par
ces belles excuses?

DOM JUAN. — J'obéis à la voix du Ciel.

DOM CARLOS. — Quoi? vous voulez que je me paie d'un
semblable discours?

40 DOM JUAN. — C'est le Ciel qui le veut ainsi.

DOM CARLOS. — Vous aurez fait sortir ma sœur d'un couvent[5],
pour la laisser ensuite?

DOM JUAN. — Le Ciel l'ordonne de la sorte.

DOM CARLOS. — Nous souffrirons cette tache en notre famille?

---

1. L'un des premiers, Corneille avait employé le mot nouveau d'*attachement* (voir
Polyeucte, IV, II, v. 1107 : « Honteux attachements de la chair et du monde »), et le terme
était devenu courant chez les théologiens et les moralistes chrétiens; 2. *Choquer :* voir
page 96, note 6; 3. Voir page 96, note 7; 4. J'ai pris conseil du Ciel. Tournure déjà vieillie
à cette époque; 5. *Couvent :* voir page 28, note 7.

renvoi

45 DOM JUAN. — Prenez-vous-en au Ciel.

DOM CARLOS. — Eh quoi? toujours le Ciel?

DOM JUAN. — Le Ciel le souhaite comme cela. **(10)**

DOM CARLOS. — Il suffit, Dom Juan, je vous entends. Ce n'est pas ici que je veux vous prendre[1], et le lieu ne le souffre 50 pas[2]; mais, avant qu'il soit peu, je saurai vous trouver.

DOM JUAN. — Vous ferez ce que vous voudrez; vous savez que je ne manque point de cœur, et que je sais me servir de mon épée quand il le faut. Je m'en vais passer tout à l'heure dans cette petite rue écartée qui mène au grand convent; 55 mais je vous déclare, pour moi, que ce n'est point moi qui me veux battre : le Ciel m'en défend la pensée; et si vous m'attaquez, nous verrons ce qui en arrivera[3].

DOM CARLOS. — Nous verrons, de vrai, nous verrons. **(11) (12)**

Scène IV. — DOM JUAN, SGANARELLE.

SGANARELLE. — Monsieur, quel diable de style prenez-vous là? Ceci est bien pis que le reste, et je vous aimerais bien mieux encore comme vous étiez auparavant. J'espérais toujours de votre salut; mais c'est maintenant que j'en désespère; et je 5 crois que le Ciel, qui vous a souffert jusques ici, ne pourra souffrir du tout cette dernière horreur.

DOM JUAN. — Va, va, le Ciel n'est pas si exact[4] que tu penses; et si toutes les fois que les hommes...

---

1. *Prendre* : ici attaquer en duel; 2. On en voit mal la raison. Mais un duel retarderait, par une diversion inopportune, le dénouement; 3. Molière se souvient de la *VIIe Provinciale* : le bon Père citait un passage de « notre grand Hurtado de Mendoza » : « Si un gentilhomme [...] est appelé en duel [...] il peut, pour conserver son honneur, se trouver au lieu assigné, non pas véritablement avec l'intention expresse de se battre en duel, mais seulement avec celle de se défendre, si celui qui l'a appelé l'y vient attaquer injustement [...] Et ainsi il ne pêche en aucune manière. »; 4. *Exact* : strict, rigoureux.

--- **QUESTIONS** ---

10. Quel mot et quelle formule reviennent sans cesse dans les propos de Dom Juan? A-t-il vraiment l'intention de duper Dom Carlos? Montrez que son jeu est plus subtil et qu'il brave Dom Carlos sans que celui-ci puisse cependant avoir prise sur lui.

11. Dans quel sentiment Dom Juan accepte-t-il en fin de compte de se battre? A quoi bon avoir fait l'hypocrite pour en arriver là?

12. SUR L'ENSEMBLE DE LA SCÈNE III. — Pourquoi avoir choisi Dom Carlos pour montrer Dom Juan en train de mettre en application son hypocrisie?

SGANARELLE, *apercevant le Spectre.* — Ah! Monsieur, c'est le Ciel qui vous parle, et c'est un avis qu'il vous donne.

DOM JUAN. — Si le Ciel me donne un avis, il faut qu'il parle un peu plus clairement, s'il veut que je l'entende. (13)

Scène V. — DOM JUAN, UN SPECTRE en femme voilée, SGANARELLE.

LE SPECTRE. — Dom Juan n'a plus qu'un moment à pouvoir profiter de la miséricorde du Ciel; et s'il ne se repent ici[1], sa perte est résolue.

SGANARELLE. — Entendez-vous, Monsieur?

5 DOM JUAN. — Qui ose tenir ces paroles? Je crois connaître cette voix[2].

SGANARELLE. — Ah! Monsieur, c'est un spectre : je le reconnais au marcher[3].

DOM JUAN. — Spectre, fantôme, ou diable, je veux voir ce 10 que c'est.

(Le Spectre change de figure, et représente le Temps avec sa faux à la main.)

SGANARELLE. — O Ciel! voyez-vous, Monsieur, ce changement de figure?

DOM JUAN. — Non, non, rien n'est capable de m'imprimer de la terreur, et je veux éprouver avec mon épée si c'est un 15 corps ou un esprit.

(Le Spectre s'envole dans le temps que Dom Juan le veut frapper.)

SGANARELLE. — Ah! Monsieur, rendez-vous à tant de preuves, et jetez-vous vite dans le repentir.

---

1. *Ici :* maintenant; 2. Dom Juan préfère encore ici interpréter d'une façon naturelle prodige et veut croire qu'on cherche à le mystifier; 3. L'emploi du verbe *marcher* ris comme nom est un reste du vieil usage.

— QUESTIONS —

13. SUR LA SCÈNE IV. — Montrez que le petit discours de Sganarelle est une réparation au dénouement.

DOM JUAN. — Non, non, il ne sera pas dit, quoi qu'il arrive que je sois capable de me repentir. Allons, suis-moi. **(14)**

SCÈNE VI. — LA STATUE, DOM JUAN, SGANARELLE

LA STATUE. — Arrêtez, Dom Juan : vous m'avez hier donné parole de venir manger avec moi[1].

DOM JUAN. — Oui. Où faut-il aller ?

LA STATUE. — Donnez-moi la main.

5 DOM JUAN. — La voilà.

LA STATUE. — Dom Juan, l'endurcissement au péché traîne une mort funeste, et les grâces du Ciel que l'on renvoie ouvrent un chemin à sa foudre.

DOM JUAN. — O Ciel ! que sens-je ? Un feu invisible me 10 brûle, je n'en puis plus, et tout mon corps devient un brasier ardent. Ah !

(*Le tonnerre tombe avec un grand bruit et de grands éclairs sur Dom Juan ; la terre s'ouvre et l'abîme ; et il sort de grands feux de l'endroit où il est tombé.*)

SGANARELLE. — [Ah ! mes gages ! mes gages !...] Voilà par sa mort un chacun satisfait : Ciel offensé, lois violées, filles

---

1. Chez ses prédécesseurs, on voyait la Statue offrir à Dom Juan, avec beaucoup de discours, un festin de serpents et de crapauds. Molière supprime ce repas ridicule, mais la trace en subsiste dans l'invitation à peu près inutile du Commandeur ; 2. *Traîner* entraîner.

QUESTIONS

14. SUR LA SCÈNE V. — Molière avait trouvé chez ses devanciers la réapparition de la statue du Commandeur : mais c'est lui qui invente le spectre. On a voulu voir dans cette femme voilée tantôt le fantôme d'Elvire, tantôt le symbole de toutes les victimes du libertin, tantôt la grâce chrétienne qui tente encore une fois de sauver le pécheur endurci. Est-il nécessaire de chercher de telles interprétations ? Quel motif plus simple peut justifier cette mise en scène ?

— L'attitude de Dom Juan devant les prodiges : quel trait dominant de son caractère s'affirme une dernière fois ?

DÉCOR ET MISE EN SCÈNE DU DERNIER ACTE

Théâtre de l'Athénée (1948).

séduites, familles déshonorées, parents outragés, femmes mises
15 à mal, maris poussés à bout, tout le monde est content. Il n'y
a que moi seul de malheureux... [Mes gages, mes gages, mes
gages[1]!] (15) (16)

———————

1. Les mots entre crochets ne se trouvent que dans l'édition d'Amsterdam et semblent
bien être le texte primitif. Les autres éditions donnent une autre fin à la phrase de Sganarelle : « [Il n'y a que moi de malheureux], qui, après tant d'années de service, n'ai point
d'autre récompense que de voir à mes yeux l'impiété de mon maître punie par le plus
épouvantable châtiment du monde. » Cette phrase morale et pieuse, qui met l'accent
sur la punition du coupable, est la dernière preuve des concessions que Molière a dû
faire à ses détracteurs : les dévots avaient été sans doute scandalisés qu'une fois de plus
la bouffonnerie de Sganarelle tente de faire oublier le caractère sérieux du dénouement;
Molière n'avait pourtant pas inventé ce détail : il avait trouvé le « Mes gages » dans
Cicognini, mais le mot n'y terminait pas la pièce, et l'effet en était moindre.

——————— QUESTIONS ———————————————

15. Sur la scène vi. — Le caractère de ce dénouement. La morale de
l'histoire est-elle exprimée de la même façon par la statue et par Sganarelle?
Pourquoi a-t-on trouvé scandaleux le « mes gages » de Sganarelle?
— Comparez cette scène à l'épisode correspondant dans l'œuvre de Tirso
de Molina (Documentation thématique).

16. Sur l'ensemble de l'acte v. — Composition de cet acte; l'attitude
hypocrite de Dom Juan fait-elle rebondir l'action? ou la prolonge-t-elle?
— Le dénouement : Molière pouvait-il choisir une autre fin pour son personnage? La mort de Don Juan a-t-elle chez Molière la même signification
que chez ses devanciers?

DOCUMENTATION THÉMATIQUE

réunie par la Rédaction des Nouveaux Classiques Larousse.

1. Molière et ses devanciers :
    - **1.1.** Tirso de Molina ;
    - **1.2.** Dorimond ;
    - **1.3.** Villiers.

2. L'Église et le théâtre au temps du *Dom Juan.*

3. Le *Dom Juan* de Molière face à la critique actuelle :
    - **3.1.** Annie Ubersfeld, *Dom Juan et le noble vieillard ;*
    - **3.2.** Jacques Guicharnaud, *Molière, une aventure théâtrale.*

4. Dom Juan, personnage mythique :
    - **4.1.** Denis de Rougemont, *l'Amour et l'Occident ;*
    - **4.2.** Albert Camus, *le Mythe de Sisyphe.*

1. MOLIÈRE ET SES DEVANCIERS

Nous proposons ci-dessous des textes de Tirso de Molina, de Dorimond et de Villiers, qui ont traité le thème de Dom Juan avant Molière. Sans prétendre proposer des modèles que l'écrivain français ait copiés ou même utilisés, nous suggérons, sous une forme limitée, une étude du traitement d'un thème par des auteurs différents par leur nationalité, leur optique, leur époque.

On complétera utilement cette étude embryonnaire en se référant au *Dictionnaire des personnages* (Laffont-Bompiani), à l'article Don Juan, où l'on trouvera l'indication des auteurs essentiels qui ont consacré un ouvrage à ce personnage, ainsi que celle de l'œuvre concernée. De là on tirera les directions de recherches pour des travaux d'importance diverse de littérature générale et comparée.

1.1. TIRSO DE MOLINA

Le Trompeur de Séville[1] a servi de modèle à tous les auteurs dramatiques qui ont exploité le thème de *Dom Juan*. Mais des modifications profondes ont peu à peu éloigné les imitateurs de l'œuvre initiale. Le seul épisode qui se transmette sans trop de changement est le souper du Commandeur, suivi de la mort de Don Juan.

Voici Don Juan, accompagné de son valet Catalinon, entrant dans la chapelle où se trouve le tombeau de Don Gonzalo, le Commandeur tué par Don Juan. Ils viennent répondre à l'invitation que leur a adressée la Statue.

DON JUAN. — Qui va là ?

DON GONZALO. — C'est moi.

CATALINON. — Je me meurs.

DON GONZALO. — Je suis le mort ; ne t'effraie pas. Je ne pensais pas que tu m'aurais tenu parole, puisque tu te railles de tout le monde.

DON JUAN. — Me crois-tu un lâche ?

DON GONZALO. — Oui, car tu as pris la fuite devant moi, cette nuit où tu m'as tué.

DON JUAN. — J'ai fui pour ne pas être reconnu ; mais, maintenant, tu m'as devant toi. Dis vite ce que tu veux.

DON GONZALO. — Je t'invite à souper.

CATALINON. — Nous excusons le menu ; tout doit être froid, car il n'y a pas de cuisine.

DON JUAN. — Dînons.

DON GONZALO. — Pour dîner, il faut que tu soulèves ce tombeau.

DON JUAN. — S'il te faut cela, je soulèverai ces piliers.

DON GONZALO. — Tu es brave.

DON JUAN. — J'ai du courage et du sang dans les veines.

CATALINON. — C'est une table de Guinée[2] ; mais n'y a-t-il là personne pour la laver ?

DON GONZALO. — Assieds-toi.

DON JUAN. — Où cela ?

CATALINON. — Deux pages noirs arrivent avec des chaises. *(Deux pages en deuil arrivent avec deux chaises.)* Emploie-t-on ici aussi des vêtements de deuil et des étoffes de Flandre[3] ?

DON GONZALO. — Assieds-toi.

CATALINON. — Moi, seigneur, j'ai pris une collation cet après-midi.

DON GONZALO. — Ne réplique pas.

CATALINON. — Je ne réplique pas. Que Dieu me tire sain et sauf de là. Quel plat est-ce là, seigneur ?

DON GONZALO. — C'est un plat de scorpions et de vipères.

CATALINON. — Joli plat !

DON GONZALO. — Ce sont nos mets ; tu ne manges pas ?

DON JUAN. — Je mangerais, même, si tu me donnais autant de serpents qu'en recèle l'enfer.

DON GONZALO. — Je veux aussi que l'on chante pour toi.

CATALINON. — Quel vin boit-on ici ?

DON GONZALO. — Goûte-le.

CATALINON. — C'est du fiel et du vinaigre que ce vin.

DON GONZALO. — C'est le vin que pressent nos pressoirs.
(On chante.)

> On avertit ceux qui de Dieu
> Trouvent les châtiments trop grands,
> Qu'il n'est de délai qui n'arrive,
> Ni de dette qui ne se paie.

CATALINON. — Voilà qui va mal, par le Christ. J'ai compris ces paroles et c'est de nous qu'il s'agit.

DON JUAN. — Un froid glacial me pénètre le cœur.
(On chante.)

> Aussi longtemps que l'on vit en ce monde,
> Il ne convient pas qu'aucun dise :

« Tu me donnes bien long délai. »
Il est si bref, le temps du repentir.

CATALINON. — Quel est ce ragoût ?

DON GONZALO. — Des ongles.

CATALINON. — Des ongles de tailleurs, alors[4].

DON JUAN. — J'ai fini de dîner ; qu'on enlève cette table.

DON GONZALO. — Donne-moi cette main ; ne crains rien, donne-la-moi.

DON JUAN. — Que dis-tu là ? Moi, de la crainte ?... Je suis brûlant ! Ne me brûle pas de ton feu.

DON GONZALO. — Ceci est peu de chose au prix des flammes qui t'attendent. Les miracles de Dieu, don Juan, sont insondables : il veut que tes fautes, tu les expies de la main d'un mort, et si tu les payes de la sorte, telle est la justice divine. Telle action, tel paiement.

DON JUAN. — Je brûle, ne me retiens pas ! je vais te tuer avec mon épée... Mais hélas ! je m'agite en vain, je lance des coups dans l'air. Je n'ai pas outragé ta fille, car elle avait auparavant découvert ma ruse.

DON GONZALO. — Il n'importe, puisque l'intention y était.

DON JUAN. — Laisse-moi appeler quelqu'un qui me confesse et m'absolve.

DON GONZALO. — Il n'est plus temps, tu y penses trop tard.

DON JUAN. — Je brûle, je suis en feu, je suis mort ! (*Il tombe mort.*)

CATALINON. — Il n'est personne qui puisse s'échapper ; il me faudra aussi mourir ici pour vous accompagner.

DON GONZALO. — Ceci est la justice de Dieu. Telle action, tel paiement.

(*Le sépulcre se fend bruyamment et engloutit don Juan et don Gonzalo. Catalinon est entraîné vers la porte.*)

CATALINON. — Que Dieu m'assiste ! Qu'est ceci ? Toute la chapelle est en feu et voici que je reste seul avec le mort pour le veiller et le garder. Me traînant comme je suis, je vais aller prévenir son père. Saint Georges, saint *Agnus Dei*, conduisez-moi en paix jusqu'à la rue. (*Il sort.*)

Cette scène n'est pas la dernière ; Catalinon retourne à la cour du roi annoncer la mort de Don Juan ; tout le monde accueille cette nouvelle avec satisfaction.

1.2. DORIMOND

Voici la scène VIII de l'acte IV où Dom Juan et son valet Briguelle,
entrés dans le tombeau du Commandeur, lui adressent une invi-
tation à dîner. Elle est à comparer avec la scène V de l'acte III du
Dom Juan de Molière. Celui-ci a conservé le mouvement de la
scène, mais en lui donnant beaucoup plus de rapidité.

DOM JUAN

[. . . . .]
Va, dis-lui que demain il me fasse la grâce
1395 De manger avec moi.

BRIGUELLE

Que j'aie cette audace ?
Moi ! Je n'en ferai rien, vous y pouvez aller :
O Ciel ! en est-il un qui puisse l'égaler ?

DOM JUAN

Va donc le convier.

BRIGUELLE

Oui, zest⁵.

DOM JUAN

Suis mon envie.

BRIGUELLE

Dussiez-vous m'assommer, et m'arracher la vie.

DOM JUAN

1400 Va donc, ou je m'en vais t'enterrer avec lui.

BRIGUELLE

Si vous parlez de bon, je suis mort aujourd'hui.

DOM JUAN

Sans plus me raisonner, pense à me satisfaire.

BRIGUELLE

Mais...

DOM JUAN

Mais, sans plus de mais.

BRIGUELLE

Eh bien, il faut le faire.

A la Figure.
Fantôme, Esprit, Figure, ornement du trépas,
1405 Bref, qui que vous soyez, je ne vous connais pas,

Je sais bien qu'étant vif, vous étiez Gentilhomme,
Mais, je crois qu'à présent vous êtes Esprit, Fantôme,
Mais, Esprit débonnaire, et Fantôme de bien,
Je viens donc vous prier, mais vous n'en ferez rien,
1410 De la part de mon Maître, homme qui vous estime,
Et quoi qu'il fasse enfin a regret de son crime,
De vouloir avec lui prendre un mauvais repas.

Briguelle continue. La Figure fait signe de la tête.

Ah! Monsieur.

DOM JUAN

Qu'est-ce donc?

BRIGUELLE

Ah! je ne me sens pas,
La frayeur me possède.

DOM JUAN

Eh bien, d'où naît ta crainte?

BRIGUELLE

1415 Ne l'avez-vous pas vu? Ne faites point de feinte.

DOM JUAN

Et quoi? Qu'aurais-je vu?

BRIGUELLE

La Figure.

DOM JUAN

Et comment?

BRIGUELLE

Elle m'a répondu par un grand mouvement,
Sa tête s'est baissée, et cela nous assure
Qu'elle viendra chez nous.

DOM JUAN

Ah! le plaisant augure,
1420 C'est la peur qui t'abuse en cette vision.

BRIGUELLE

Vous-même allez donc voir si c'est illusion.

DOM JUAN

Oui-da, j'irai moi-même, et sans donner créance
Au ridicule effet de ton extravagance,

Mais pour braver cette ombre encor dans son Tombeau.
1425 Ombre, je te conjure.

La Figure fait de nouveau signe de la tête.

BRIGUELLE

Il paraît de nouveau.

DOM JUAN

Oui, viens, je t'attendrai, cette chose est nouvelle,
Allons, je suis content, suis-moi, suis-moi, Briguelle.

BRIGUELLE

Allons, je n'ai plus peur, je reprends ma raison ;
Car comment viendrait-il, sans savoir la maison ?

1.3. VILLIERS

A la scène III de l'acte III du Festin de pierre *de Villiers, la rencontre de Dom Juan avec le pèlerin contient quelques traits dont s'inspirera Molière, mais la conclusion de la scène est bien différente de la scène II de l'acte III chez Molière.*

DOM JUAN

825 Le Ciel veuille donner le repos à vos jours.

LE PÈLERIN

Le Ciel d'un œil bénin vous regarde toujours.

DOM JUAN

Que faites-vous ainsi dans cette forêt sombre ?

LE PÈLERIN

De même que le corps est suivi de son ombre,
Je suis, par des sentiers que me prescrit le sort,
830 L'infaillible chemin qui nous mène à la mort.

PHILIPIN

Que parle-t-il de mort ? est-ce qu'il vous annonce
Que vous serez pendu ?

DOM JUAN

Non, attends sa réponse.

PHILIPIN

Ah ! point de répondant, quand il est question
De grimper au gibet, jamais de caution.

DOM JUAN

835 Vous avez en ces lieux beaucoup d'inquiétude ?

LE PÈLERIN

Tant s'en faut, le repos règne en ma solitude,
J'y savoure à longs traits les biens délicieux
Que verse à pleines mains la clémence des Cieux ;
Éloigné de la Cour, du bruit et des tempêtes,
840 Je converse souvent avec de simples bêtes,
En qui je vois cent fois plus de raisonnement
Qu'aux hommes élevés trop délicatement.
J'y connais des instincts, j'y vois des connaissances
Que leur ont influé les célestes Puissances
845 Et dont ces animaux savent mieux profiter
Qu'un tas de réprouvés qu'il faudrait détester.
O honte de ce siècle ! ô sources infinies
D'abominations ! vous souffrez des impies,
Vous souffrez des meurtriers, vous souffrez des brutaux
850 S'élever tous les jours par des crimes nouveaux,
Et vous n'employez pas les carreaux⁶ de la foudre
Pour punir ces pervers, et les réduire en poudre.

PHILIPIN

Remettez à demain la prédication,
Car aujourd'hui mon maître est sans dévotion.

LE PÈLERIN

855 Apprenez, esprit faible, et rempli d'ignorance,
Que votre Maître et vous êtes sous la puissance
Des Dieux, justes vengeurs, qui sauront bien punir
Et vos crimes passés, et ceux de l'avenir.
Peut-être approchez-vous de ce moment funeste.

DOM JUAN

860 Bon homme, une autre fois vous nous direz le reste,
Contentez seulement ma curiosité.

LE PÈLERIN

Si c'est pour éclaircir quelque difficulté,
Je suis trop ignorant en semblables matières,
C'est au Ciel qu'il faut adresser les prières.

DOM JUAN

865 Non, c'est qu'en un dessein où le Ciel me conduit
J'ai nécessairement besoin de votre habit.

LE PÈLERIN

Mon habit ? songez-vous à ce que vous me dites ?

DOM JUAN

Sans employer le temps en de vaines redites,
J'en ai besoin, vous dis-je, et quoi que vous fissiez,
870 Vous me fâcheriez fort, si vous me refusiez.

LE PÈLERIN

Mon habit, quoi que fasse ici votre industrie,
Ne se dépouillera jamais qu'avec ma vie.

DOM JUAN

Songez que je vous l'ai demandé par douceur,
Qu'en ce moment j'en veux être le possesseur,
875 Et qu'il n'est rien pour lui que je ne vous octroie.

LE PÈLERIN

Monsieur, vous perdez temps, car par aucune voie
Vous ne pourrez tenter, ni le cœur, ni les yeux
D'un homme qui ne craint que le courroux des Dieux.

DOM JUAN

Ah ! c'est trop raisonner, et votre résistance...

LE PÈLERIN

880 Quoi ! vous me l'ôteriez avecques violence ?

PHILIPIN

Il s'en va son épée en votre sang souiller :
Ah ! ne le tuez pas, il se va dépouiller.

DOM JUAN

Vite donc, autrement...

PHILIPIN

          Dépêchez-vous, bon homme,
Vous en aurez, sans doute, une notable somme,
885 Mon maître est libéral.

LE PÈLERIN

          Non, non, l'argent, ni l'or,
Ne m'ont jamais tenté.

DOM JUAN

          Vous résistez encor ?
Je vous donne le mien.

LE PÈLERIN

Mais il m'est inutile.

DOM JUAN

Je suis las de vous voir faire le difficile;
Que sert de contester? Car enfin je le veux.

PHILIPIN

890 Mon pauvre Pèlerin, répondez à ses vœux,
Au nom de Jupiter.

LE PÈLERIN

Souffres-tu qu'on t'affronte?
Entrons dans cette grotte ou j'aurai moins de honte.

DOM JUAN

Viens prendre mon épée, et t'en va promptement
Aussitôt que j'aurai changé d'habillement.

A la scène V de l'acte III, Dom Juan se trouve en présence de Dom Philippe, le fiancé d'Amarille, que le séducteur a déshonorée et dont il a tué le père (le Commandeur). Scène à comparer aux scènes III et IV de l'acte IV chez Molière.

DOM PHILIPPE

Quoi! je courrai toujours et sans trêve, et sans fin?
Je ne pourrai jamais rencontrer l'assassin
Que mon malheur soustrait à ma juste colère!
Quoi! les pleurs d'une fille; et quoi! la mort d'un père
Restera sans vengeance! ah! ne permettez pas,
Destins, que l'assassin évite le trépas,
950 Je dois cette victime à ma chère Amarille.

DOM JUAN

Vous en eussiez plutôt eu nouvelle à la ville.

DOM PHILIPPE

Le traître en est sorti, mais qu'il soit assuré
Avant la fin du jour, que je me vengerai.

DOM JUAN

955 Vous savez que les Dieux défendent la vengeance;
Mais pour en obtenir une entière assistance,
Il les faut supplier avec humilité
De donner à nos vœux ce qu'ils ont souhaité.

DOM PHILIPPE

Ah ! je les en supplie, et de toute mon âme,
960 Grands Dieux, si dans mes mains vous remettez l'infâme...

DOM JUAN

Monsieur, pardonnez-moi, si je vous interromps ;
Ici vos mouvements, sans doute, sont trop prompts,
Et vous priez les Dieux avec une indécence
Qui les choque sans doute, et leur fait une offense :
965 Il les faut supplier avec humilité,
Et ne prier jamais les armes au côté.
Posez-les.

DOM PHILIPPE

De bon cœur, mon Père, et je proteste
De répandre plutôt tout le sang qui me reste,
De n'en porter jamais, si je ne suis vengé.
970 Faites-moi donc, grands Dieux...

DOM JUAN

Détestable enragé,
Qui vient de guet-apens assassiner un homme,
Regarde qui je suis, apprends comme on me nomme.
Je suis ce Dom Juan que tu cherches partout,
Pour qui tu vas courant de l'un à l'autre bout ;
975 Je ne me suis caché qu'à dessein de surprendre
Ce fer dont je saurai maintenant me défendre,
Et dont je t'ôterais la vie en ce moment,
Si je n'étais poussé par quelque mouvement
D'en remettre l'effet...

DOM PHILIPPE

Assassin, traître, infâme,
980 Quoi ! je te trouverais, et sans t'arracher l'âme ;
Scélérat, parricide, effronté, suborneur,
Il faut que de ces mains...

DOM JUAN

C'est trop, beau harangueur :
Malgré les sentiments d'une injuste colère,
Va dedans les Enfers rejoindre ton beau-père.

DOM PHILIPPE

985 A l'aide, mes amis, au secours, je suis mort ;
Adorable Amarille, hélas ! plaignez mon sort.

2. L'ÉGLISE ET LE THÉÂTRE
AU TEMPS DU *DOM JUAN*

◆ Ce n'est pas la première fois que Molière est aux prises avec les dévots. Rappelons qu'en 1643 Olier, curé de Saint-Sulpice, avait fait expulser l'Illustre-Théâtre de sa paroisse. *L'Ecoles des femmes* (1662) entraîne une querelle dans laquelle coteries littéraires et comédiens rivaux ne sont pas seuls à prendre part. Des reproches d'ordre moral sont également faits à la pièce : « [...] il n'y a rien, par exemple, de plus scandaleux que la cinquième scène du second acte de *l'Ecole des femmes*, qui est une des plus nouvelles comédies » (prince de Conti, *Traité de la comédie*, 1666, pp. 23-24).

« J'aurais encore ceci à remarquer, dit un des personnages, que cette *Ecole* est pleine d'impiété dans les Maximes qu'on destine à Agnès et dans le prône qu'on lui fait. » (Robinet, *Panégyrique de « l'Ecole des femmes* ».)

Ce même Conti qui attaque ici le théâtre de Molière a été Frondeur en son temps et mena une vie de libertin au sens actuel du terme ; nommé en 1654 gouverneur de Guyenne, il est suivi par Molière, qui le connaissait déjà et qu'il protège désormais ; en 1660, il devient gouverneur du Languedoc, où Molière le suit encore. Quand, peu après, le prince se convertit, « il fit peser sur son entourage la contrainte d'une sombre dévotion ; il rompit toute relation avec le comédien qui avait été son ami et devint un adversaire déterminé du théâtre » (S. Rossat-Mignod).

De plus, vers cette époque la querelle du théâtre manifeste une certaine violence. De 1650 à 1670 environ, toute une série d'ouvrages paraît sur la question : un *Traité de la comédie* (1659), que Nicole fait réimprimer en 1667 ; *les Visionnaires* de Nicole et le *Traité de la comédie* de Conti, tous deux en 1666, condamnant le théâtre, tandis qu'en 1667 la *Dissertation sur la condamnation des théâtres* de l'abbé d'Aubignac se montre favorable au théâtre s'il est épuré. En 1671, Voisin réfute d'Aubignac sur la *Défense du traité de M. de Conti touchant la comédie et les spectacles;* en 1675 paraît à Dijon un *Recueil des raisons et motifs qui peuvent détourner les chrétiens d'aller à la comédie et au bal.*

◆ La querelle du théâtre vue par Godeau, évêque de Grasse, près de Vence, en 1660 :

> Le théâtre jamais ne fut si glorieux
> Le jugement s'y joint à la magnificence
> Une règle sévère en bannit la licence
> Et rien n'y blesse plus ni l'esprit ni les yeux.
>
> On y voit condamner les actes vicieux,
> Malgré les vains efforts d'une injuste puissance
> On y voit à la fin couronner l'innocence ;
> Et luire en sa faveur la justice des cieux.

> Mais, en cette leçon, si pompeuse et si vaine,
> Le profit est douteux et la perte certaine,
> Le remède y plaît moins que ne fait le poison ;
> Elle peut réformer un esprit idolâtre,
> Mais, pour changer les mœurs et régler leur raison,
> Les chrétiens ont l'Église, et non pas le théâtre.

« Il est intéressant de noter que la condamnation ecclésiastique du théâtre est en rapport avec la question des « nudités ». Dans la seconde moitié du XVIIe siècle, la société imite le « décolleté des comédiennes », remarque H. P. Salomon (*Tartuffe devant l'opinion française*, p. 26), qui rappelle que *le Tartuffe* est la première pièce à mettre en scène ce problème vestimentaire (III, II).

◆ Théâtre et immodestie des toilettes.

> C'est aussi pour leur salut, autant que pour le salut des hommes, que les Pères de l'Église et les grands hommes ont de siècle en siècle déclamé contre les bals, les comédies et les autres spectacles publics, où les femmes montrent leur gorge et leurs épaules avec plus de liberté et plus d'afféterie. Quelque innocents que soient les spectacles en eux-mêmes, ils deviennent en quelque sorte criminels, tant ils sont dangereux pour les femmes et pour les hommes. (*De l'abus des nudités de gorge*, 2e éd., 1677.)

Molière était soutenu, fort heureusement pour lui, par Louis XIV. Sur le plan personnel, les registres de Saint-Germain-l'Auxerrois en fournissent la preuve dans cet extrait, reproduit dans Beffara, *Dissertation sur Molière* (1821), en date du 28 février 1664 :

> Paris, paroisse Saint-Germain-l'Auxerrois. Baptême de Louis, fils de Molière, né le 19 janvier. Parrain : Louis XIV ; marraine : Henriette d'Angleterre, duchesse d'Orléans. Molière est domicilié à Saint-Thomas du Louvre ; il ne signe pas l'acte.

Sur le plan professionnel, voici ce qu'en dit R. Bray (*Molière, homme de théâtre*, pp. 134-135) :

> La faveur royale ne compte pas moins pour Molière que celle du public. Certaines critiques ont été sévères pour Louis XIV : le monarque aurait fatigué le poète de ses caprices ; il lui aurait imposé des tâches le détournant de sa vocation ; il l'aurait forcé à composer des œuvres insignifiantes et artificielles. Ce point pourra être repris ; il faut noter dès maintenant que le secours apporté par le Roi à la troupe lui a permis de franchir les passes difficiles. Louis XIV a aidé Molière opportunément et intelligemment. Après Monsieur et Madame, avec Condé, et plus efficacement qu'eux tous, il a été le protecteur fidèle de celui qui lui apportait une distraction de choix. Il aimait le théâtre ; il aimait ce théâtre que lui offrait Molière, brillant, fastueux parfois, galant et surtout gai.

3. LE *DOM JUAN* DE MOLIÈRE
FACE À LA CRITIQUE ACTUELLE

> Nous avons choisi de présenter deux points de vue contemporains, pour le caractère stimulant de leurs analyses et non par accord avec l'un ou l'autre. Une recherche identique pourra être tentée sur d'autres textes.

3.1. ANNIE UBERSFELD, *DOM JUAN ET LE NOBLE VIEILLARD*

◆ L'auteur, dans un article de la revue *Europe* paru en janvier-février 1966, rappelle d'abord l'opinion de la critique :

> De Bénichou à Guy Leclerc, tous les commentateurs ont souligné l'objectivité « historique » d'une pareille peinture : le libertinage, l'abus de la puissance, l'indifférence à tout devoir social, et même à la simple existence d'autrui, l'oisiveté, mère de tous les excès, les dettes du courtisan, autant de traits qui dessinent fort précisément une certaine caste, à un moment précis de son histoire. La *méchanceté* de Dom Juan n'est pas celle du seul Dom Juan, mais celle de tous ses pairs.

À son sens, il s'agit d'une explication ; en effet, la domestication de la féodalité

> [...] laissant les grands féodaux sur le « sable de l'histoire », les conduit au désintérêt, les précipite dans les petites aventures sans gloire, oriente leur volonté de puissance vers les triomphes de l'instinct — cette volonté enfin tournée contre soi, jusqu'à l'autodestruction finale. Et ne sont-ce pas les moins soumis, les moins dociles, les plus libres qui s'opposent à la domestication du courtisan et remettent en question toutes les valeurs d'une société qu'ils récusent parce qu'elle consacre leur dramatique abaissement ? Dom Juan est l'homme dont la première caractéristique est de refuser d'être un courtisan, de lancer un défi aux idéaux et aux croyances dont se satisfait la société monarchique : privé des grandes ambitions de la guerre et de la puissance, il se console en assiégeant les cœurs.

Y a-t-il incompatibilité, ou simplement même antithèse, entre le fait d'être *grand seigneur* et *méchant homme ?*

> Bien loin d'ajouter à ses caractéristiques de *grand seigneur,* celles de *méchant homme,* il est justement exemplaire par la puissance de son tempérament et l'étendue de ses possibilités : si ce n'était jouer du paradoxe on parlerait volontiers de ses vertus : le courage, la générosité, l'intelligence lucide, vertus dont on fait cadeau d'ordinaire à sa classe ou même à sa caste. C'est ainsi que même découronné des mérites guerriers et politiques qui ne se peuvent définir que dans le cadre d'une activité

sociale heureuse, Dom Juan représente encore l'instinct de liberté, l'énergie vitale d'un être humain sain et intelligent qui ne trouve d'autre emploi de lui-même que la mise en question de l'ordre social qui l'entoure.

◆ Dom Juan sort grandi de cette analyse, en somme :

Mais grandir Dom Juan, en montrant l'étendue de ses qualités personnelles en lui *donnant raison* contre la faiblesse superstitieuse de Sganarelle et ses arguments métaphysiques, contre sa croyance en la médecine de son temps, c'est en même temps montrer que ses vices sont ceux de sa caste : la modération et la sympathie avec lesquelles Molière trace le portrait de Dom Juan soulignent, en fait, l'âpreté de la satire contre la noblesse.

Ce n'est qu'une apparence :

Aux excès de Dom Juan s'opposent la rigueur et le sens de l'honneur des deux frères d'Elvire. Comme l'a très bien montré J. Pérus, dans la querelle où s'affrontent les deux frères, c'est Don Carlos qui se montre à son avantage : humain, généreux, confiant, il représente une conception de l'honneur neuve, évoluée, par rapport à la vieille conception féodale, qui est celle de Don Alonze.

◆ Quel est le rôle de Don Louis ?

L'apparition du noble vieillard n'est pas accueillie par le spectateur sans un frémissement. Voilà enfin ce qu'il attend depuis le début de la pièce : un adversaire à la hauteur du héros.

Effectivement, son attitude tranche avec les adversaires habituels de Dom Juan :

Ainsi Don Louis a d'abord pour rôle d'accabler le héros sur le plan matériel, de montrer sa faiblesse en face de la coalition du monde; cette scène boucle l'encerclement social qui se constitue autour de Dom Juan : chacune des victoires apparentes du héros jusqu'au milieu de l'acte IV est un triomphe à la Pyrrhus, un nœud de plus autour de lui.

Est-ce l'intention de Molière ?

Sans nul doute Molière a voulu faire de la scène de Don Louis, une protestation morale, un plaidoyer pour la « noblesse honnête », une défense claire et sans équivoque des valeurs morales, face au contempteur des dites valeurs : « apprenez qu'un gentilhomme qui vit mal est un monstre dans la nature, que la vertu est le premier titre de noblesse, que je regarde bien moins au nom qu'on signe qu'aux actions qu'on fait ». Lieu commun de moralistes et de prédicateurs chrétiens au XVIIe siècle.

Mais, en y réfléchissant bien, l'effet produit serait différent :

> Mais que cette scène est donc gênante ! Sa structure drama-
> tique ne contredit-elle pas le sens avoué de la tirade du père ?
> Don Louis parle, il parle, il a raison, le spectateur lui donne
> raison ; et voilà que Dom Juan dit une parole, une seule phrase
> insolente et anodine, et tout s'écroule, et le noble vieillard se
> ratatine et s'enfuit la menace à la bouche, et le spectateur
> assiste, gêné mais satisfait, à la déroute des principes. C'est
> tout juste.

Si l'on tient compte du fait que Molière est un auteur comique, un
autre élément entre en jeu :

> Nous rions ; et nous ne nous demandons pas si nous rions de
> Don Louis, nous rions *avec* Dom Juan. Impossible de se dissi-
> muler que dans Molière comme dans tout grand auteur
> comique, c'est le rire qui porte le sens, le vrai mouvement de
> l'esprit, détruisant en un clin d'œil le bel échafaudage des
> arguments logiques.

Un argument stylistique vient parachever la démonstration :

> Tout le monde a remarqué la haute tenue du style de Don
> Louis, la profusion de vers blancs, octosyllabes, hémistiches,
> alexandrins, qui rapprochent cette page du ton tragique : mais
> n'est-ce pas là la preuve stylistique de l'artifice, de la rhétorique
> vide, de la parodie tragique implicite ? Il y a un ridicule inef-
> fable dans le contraste entre ce grand discours si beau, si
> convaincant, si pompeux et la réponse brève et cynique de
> Dom Juan.

◆ L'attitude de Dom Juan est une opinion ; on pourra appliquer
cette remarque à l'ensemble de la pièce, et même la rapprocher de
l'attitude de Montalte dans *les Provinciales* de Pascal, face au
jésuite :

> Mais Dom Juan ne répond rien, Dom Juan se tait. Les silences
> de Dom Juan dans toute la pièce sont plus destructeurs que
> ses rares paroles.

Don Louis même n'est pas pur :

> Il y a pire : la tirade de Don Louis est, autant qu'un acte
> d'accusation contre Dom Juan, un plaidoyer *pro domo*.
> Molière ne nous laisse rien ignorer des faiblesses du noble
> vieillard : il défend avec éloquence la justice, l'équité et toutes
> les vertus de l'honnête homme, mais regardez-le faire sa cour
> pour défendre son fils, demander et obtenir l'indulgence pour
> ses pires fredaines ! Que d'innocentes victimes qui n'ont pas eu
> satisfaction, à qui justice n'aura pas été rendue ! Il a bonne
> mine à présent pour réclamer d'un fils le respect de vertus qu'il
> a bafouées consciemment, sans excuses, par le recours inique
> à sa puissance de grand seigneur—et à son crédit de courtisan.

Il serait même à l'origine de la conversion de son fils à l'hypocrisie :

> Nous ne nous étonnerons pas de voir cette leçon si bien entendue à l'acte suivant : si Don Louis a « adouci » le visage criminel des actions de son fils aux yeux du monde, Dom Juan ne pourra-t-il user du même procédé pour lui-même ? Attendons la scène suivante et le langage de la dévotion dans la bouche d'Elvire va fournir à Dom Juan le vocabulaire de son nouveau conformisme défensif. Quelle tentation d'en user quand on voit le père — modèle idéal de toute vertu — se livrer à cette politique de flatteries intéressées, de trafics d'influence !, mérites et vertus devenant monnaie d'échange pour camoufler les vices et les crimes des autres membres du clan.

De ce jeu entre deux personnes, A. Ubersfeld généralise :

> La faiblesse de Don Louis devant ce fils unique, tardif et trop chéri (« j'ai souhaité un fils avec des ardeurs nonpareilles »), n'est que l'image de la faiblesse radicale de toutes les valeurs, de tout le système moral : le fléchissement du père est un signe que les contraintes morales sont devenues un cadre sans contenu.

Et l'on retrouve une idée que J. Guicharnaud (*Molière, une aventure théâtrale*) exploite de son côté, notamment dans son étude sur *le Tartuffe* : le mythe du père.

> A ce père qui ne lui a jamais résisté et dont la faiblesse dévalorise jusqu'au sens de sa révolte, Dom Juan est contraint de substituer le père d' « en haut », Dieu. Ainsi nous est expliquée (pour une part et rétrospectivement) l'attitude religieuse de Dom Juan : Dom Juan est contraint de se mesurer avec ce qui lui reste à affronter devant le néant de tout le reste, la puissance divine : à lui de prendre Dieu pour rival, de lui enlever son « épouse chérie », et de la lui retourner après usage, comme un suprême camouflet : ce qui convient à Dieu ne suffit pas même à Dom Juan. Ce triomphe est dérisoire, la victoire est trop facile : Dieu se tait; les blasphèmes ne paraissent pas toucher une oreille sourde : « Va, va, le ciel n'est pas si exact que tu penses » (V, IV).

◆ Cette hypocrisie est-elle le sommet de l'art de Dom Juan, ou bien est-ce justement son échec ?

> Dom Juan arrivé au bout de lui-même, à la fois découragé par la faiblesse de l'adversaire moral et acculé par le monde, essaie de donner congé à son propre mythe : il rentre dans le rang, il s'installe dans le conformisme, il *disparaît*. Cela lui est apparemment facile : il n'y a pas de conflit entre lui et les valeurs qu'il feint d'adopter, puisqu'elles sont illusoires : c'est à peine un mensonge.

Or, l'hypocrisie religieuse, qui pourrait être le dernier vête-ment de la révolte, est en fait sa négation : elle est le point où, par un retournement imprévu, la révolte se mue tout à coup en conformisme — l'instant où Dom Juan accepte de ressembler à son père, d'être fondamentalement *le même,* conformiste et courtisan.

◆ Comment, finalement, Molière se débarrasse-t-il de son héros ?

Hélas ! il faut bien se débarrasser du personnage. Pas plus qu'il n'est question de laisser triompher Tartuffe, il n'est possible de laisser subsister un Dom Juan tué par son hypocrisie, mais vivant et debout, dérision morale. Tout se passe comme si Molière faisait tous ses efforts pour rationaliser son propos, se séparer du mythe. Le diable s'étant fait ermite, le féodal révolté devenu courtisan, il faut le détruire.

Et A. Ubersfeld conclut :

[...] après avoir fléchi dans sa lutte, après avoir capitulé devant Don Louis et accepté le compromis, Dom Juan se redresse, et affronte la statue, ombre mythique et gigantesque du Père.

3.2. JACQUES GUICHARNAUD, *MOLIÈRE, UNE AVEN-TURE THÉÂTRALE*

◆ L'auteur considère d'abord que Dom Juan irrite :

Ce Dom Juan qui à aucun moment n'accepte la discussion est le plus exaspérant, pour le monde qui l'entoure, de tous les personnages moliéresques.

Pourquoi ?

C'est que le personnage, frivole ou visiblement méchant, silen-cieux surtout, par indifférence, par mépris ou par défi selon les interprétations, échappe, glisse, se fait brume que l'on traverse sans avoir de prise sur elle, ou rocher contre lequel on rebondit. Du coup, au lieu d'être objet de rire, il crée chez le spectateur au moins une inquiétude, et chez ses interlocu-teurs il provoque la colère — une colère à la mesure de chacun : hargne de Sganarelle, rage meurtrière de ses égaux, ire annihilatrice du divin.

Ce que l'on trouve alors, une fois les « codes sérieux » ramenés à des « mascarades », c'est « la Nature toute nue » :

Qu'on songe encore une fois aux dernières métaphores qui pré-cèdent le finale de la pièce : le cosmos n'est qu'un galimatias (qui n'est pas sans annoncer les atomisations du réel dans certaines pièces d'Ionesco, lorsque enfin la raison y a fait faillite, ou encore le discours de Lucky dans *Godot*), et par ailleurs les personnages ne peuvent que s'entr'égorger. C'est-à-dire qu'ayant détruit un certain sérieux, celui de ce qui dans d'autres pièces serait représenté par des normes d'honnêteté ou même de raison, la pièce en retrouve un autre, plus vertigineux, plus vrai peut-être mais proprement atroce : celui de la Nature toute nue.

Et Dom Juan va incarner cette entité :

> Cette Nature toute nue est incarnée centralement par Dom Juan lui-même. Il n'est — et n'exprime — que des instincts, certainement pas une liberté. Il est, il consomme, il se camoufle. Il est l'image d'un déterminisme naturel, redécouvert par Molière dans l'effondrement de la morale aristocratique qui s'efforçait, elle, de susciter la liberté, ou au moins, comme l'a un jour remarqué Sartre à propos du théâtre cornélien, de réaliser la synthèse lucide de la passion et de la volonté libre.

◆ Dom Juan est assimilable dès lors à la « bête », se rapprochant ainsi de l'Agnès de *l'Ecole des femmes* :

> Ce n'est pas un hasard si, dès le premier acte, Dom Juan est appelé « bête brute ». Ce n'était pas un hasard non plus si, à propos d'Agnès, les femmes étaient traitées d'« animaux » dans *l'Ecole des femmes*. Il est vrai que dans les deux cas la comparaison vient d'un grotesque : Arnolphe ou Sganarelle, mais il s'agit ici, comme toujours chez Molière, de faire la part de la vérité et la part du caractère qui prononce la formule. La métaphore bestiale qui désigne la Nature à l'état pur a une double fonction dramatique. Puisqu'elle est utilisée ironiquement ou péjorativement par le personnage qui parle, elle révèle l'état d'ignorance dans lequel il se trouve à propos de sa propre nature : animale, elle aussi.

J. Guicharnaud en donne pour preuve deux réactions symétriques d'Agnès et de Dom Juan :

> « Le moyen de chasser ce qui fait du plaisir ? » (v. 1527) et la réponse de Dom Juan aux reproches de Sganarelle : « Y a-t-il rien de plus agréable ? » (I, II). D'une pièce à l'autre, le jugement comique a changé, mais la vision fondamentale de la nature est restée la même. L'homme déchu, dans un univers pascalien, n'est plus ange, mais bête. La bête-femme peut séduire, la bête-homme terrifie.

◆ Peut-on conclure pour autant à une constante ? Ce serait nier une évolution chez Molière :

> Un long chemin a été parcouru depuis l'optimisme théâtral — car il serait vain de parler ici d'optimisme métaphysique — du temps de *l'Ecole des femmes* à l'incertitude tout aussi théâtrale de *Dom Juan*. Dans l'aventure d'Agnès, d'Arnolphe et d'Horace, le recours à la nature est prudent, et en quelque

sorte noyé dans une confusion entre le concept de nature et celui de normalité.

Dom Juan est une pièce ambiguë :

Dans cette pièce, à la fois la comédie et la nature et la convention vont toutes les trois jusqu'au bout de leur propre innocence et n'aboutissent qu'à une bouleversante ambiguïté. Car si la pièce se termine par un éclat de rire, c'est celui de la servilité. Le triomphe du théâtre, si on tient à considérer comme tel le double finale des flammes artificielles et de la plainte de Sganarelle, n'est que celui du théâtre. Dom Juan n'a pas payé sa dette, le Ciel même a échoué devant la Nature corrompue. La satisfaction offerte par le dénouement est bien ténue, et relève de l'esthétisme plus que d'une véritable résolution ; car, comme nous l'avons dit, aucun « ordre » n'est en fait rétabli : le mal est fait, et reste fait, il n'y a qu'impossibilité pour le mal de continuer à sévir activement.

◆ Poussant les choses jusqu'au bout, J. Guicharnaud en arrive à ceci :

Le passage de la bête laisse une plaie béante dans le monde. Et pourtant, elle s'est contentée de vivre selon sa nature. Dom Juan a joué avec la femme comme le chat avec la souris, et comme le chat, *il ne s'est pas expliqué* le plaisir de ce jeu. Il a été polygame, comme la plupart des animaux ; comme la plupart des mâles, il est compétitif : une femelle déjà en main l'attire plus qu'une autre. Attaqué, il fuit, et ne se défend que lorsqu'il ne peut pas faire autrement. A bout de ressources, il se camoufle, grâce à un mimétisme bien connu des naturalistes. Le monde autour de lui est une sorte de jungle, peuplée d'espèces variées qui sont toutes ses ennemies. Le surnaturel même ne parvient pas à le « dénaturer » : il traite celui-ci comme n'importe quelle autre espèce des environs... On pourrait prolonger la métaphore à l'infini, et peut-être même faire de la pièce une étude purement écologique. En tout cas, on ne raisonne pas avec cet animal-là : sinon, on se ridiculise comme Sganarelle.

Comment s'explique la fascination qu'exerce sur nous Dom Juan ?

Dans *Tueur sans gages* d'Ionesco, la raison de Bérenger défaille devant la citadelle de nature brute que représente le Tueur. Un peu plus tard, Ionesco nous a montré, dans *Rhinocéros,* la vertigineuse attraction qu'exerce sur les hommes le pur élan de cette Nature brute. Il est permis de se demander si l'attraction qu'exerce sur nous le personnage de Dom Juan n'est pas comparable à l'admiration que les amis de Bérenger éprouvent pour les superbes monstres qui se multiplient dans la ville. Et alors, la pièce de Molière se révèle comme porteuse d'un sens qui non seulement inclut les deux comédies (l'humaine et la théâtrale), mais révèle aussi une prise de conscience plus particulièrement sociale et politique.

Et quelques lignes plus loin, le critique poursuit :

> S'extasier devant le maître Dom Juan, c'est un peu s'abandonner à l'attitude de Daisy qui, dans *Rhinocéros*, finit par trouver « beaux » les animaux qui encerclent la maison (acte III) ; c'est du même coup ressembler à ceux qui, en écoutant les chants nazis de Nuremberg, en venaient à dire innocemment : « Ça a quand même de la gueule... » Dom Juan a de la gueule : celle d'un animal ; il y a un prestige de l'énergie irréfléchie, aveugle à toute autre chose qu'elle-même, qui se confond trop aisément avec la révolte libre.

◆ Quelle est la signification de la pièce pour nous ? C'est un piège.

> La Nature est un piège. Le personnage de Molière est un piège, non le symbole d'une libération. La pièce de Molière se décrit à la fois avec ses appâts et la mort qu'il contient. Si Dom Juan n'est qu'un homme, il est le symbole de l'inhumain (si l'on veut bien admettre avec les penseurs modernes et en utilisant le vocabulaire de Vercors que l'homme se définit précisément comme « animal dénaturé ») ; mais s'il est aussi le maître, s'il représente le pouvoir d'une caste sur d'autres, il symbolise ce qu'il y a d'illégitime dans ce pouvoir, puisqu'il est fondé sur exactement le contraire de la loi.

Ainsi s'établit la continuité entre *Dom Juan* et *le Misanthrope* :

> *Dom Juan* représente la découverte et l'exploitation théâtrale de l'horreur de la Nature toute nue. Certes, le problème est « projeté » plus que « résolu », le double jeu de sa découverte et de son théâtralisme n'en est pas moins une étonnante réussite. Mais ce double jeu demeure extrêmement métaphorique : la fantaisie, le fantastique même (celui de la tragi-comédie comme celui de la farce) dominent la pièce. Il s'agissait ensuite pour Molière de réincarner ses découvertes dans un univers moins fantastique, plus proche du quotidien du spectateur, d'en exploiter les possibilités dans le contexte de l'actualité, d'en faire (sans perdre de vue l'irréalisme foncier du théâtre) l'application à la fois particulière et laïque au monde qui l'entourait, de les faire descendre sur la terre, de remplacer enfin une métaphore quasi métaphysique par une métaphore humaine. Ce qu'il fit, un an après *Dom Juan*, en jouant *le Misanthrope*.

4. DOM JUAN, PERSONNAGE MYTHIQUE

De la même manière que pour l'étude du personnage de Molière, nous proposons la confrontation — à titre d'exemple — de deux points de vue sur Dom Juan, personnage mythique.

4.1. DENIS DE ROUGEMONT, *L'AMOUR ET L'OCCIDENT*

◆ D'emblée, Dom Juan apparaît comme l'antithèse du Tristan de *Tristan et Iseut* :

> Comme on voit, en fermant les yeux, une statue noire à la place de la blanche que l'on vient de considérer, l'éclipse du mythe devait faire apparaître l'antithèse absolue de Tristan. Si Don Juan n'est pas, historiquement, une invention du dix-huitième, du moins ce siècle a-t-il joué par rapport à ce personnage le rôle exact de Lucifer par rapport à la Création, dans la doctrine manichéenne : c'est lui qui a donné sa figure au *Tenorio* de Molina, et qui lui a imprimé pour toujours ces deux traits si typiques de l'époque : la *noirceur* et la *scélératesse*. Antithèse vraiment parfaite des deux vertus de l'amour chevaleresque : la candeur et la courtoisie.

◆ Ensuite, l'auteur examine la fascination qu'exerce le personnage :

> Il me semble que la fascination qu'exerce sur le cœur des femmes et sur l'esprit de certains hommes le personnage mythique de Don Juan peut s'expliquer par sa nature *infiniment contradictoire*.
>
> Don Juan, c'est à la fois l'espèce pure, la spontanéité de l'instinct, et l'esprit pur dans sa danse éperdue au-dessus de la mer des possibles. C'est l'infidélité perpétuelle, mais c'est aussi la perpétuelle recherche d'une femme unique, jamais rejointe par l'erreur inlassable du désir. C'est l'insolente avidité d'une jeunesse renouvelée à chaque rencontre, et c'est aussi la secrète faiblesse de celui qui ne peut pas posséder, parce qu'il n'*est* pas assez pour *avoir*...

Cette opposition se marque par plus d'un trait :

> Le contraste est d'abord dans l'allure extérieure des personnages, dans leur rythme. On imagine Don Juan toujours dressé sur ses ergots, prêt à bondir quand par hasard il vient de suspendre sa course. Au contraire, Tristan vient en scène avec l'espèce de lenteur somnambulique de celui qu'hypnotise un objet merveilleux, dont il n'aura jamais épuisé la richesse. L'un posséda mille et trois femmes, l'autre une seule femme. Mais c'est la multiplicité qui est pauvre, tandis que dans un être unique et possédé à l'infini se concentre le monde entier. Tristan n'a plus besoin du monde — parce qu'il aime ! Tandis que Don Juan, toujours aimé, ne peut jamais aimer en retour.

D'où son angoisse et sa course éperdue.

L'un recherche dans l'acte d'amour la volupté d'une profanation, l'autre accomplit en restant chaste la « prouesse » divinisante.

◆ Si l'on prend comme point de référence le XVIIIe siècle et la postérité qu'y laissa Dom Juan (dans la littérature et dans les mœurs), on aboutit à cette conclusion :

> Enfin tout se ramène à cette opposition : Don Juan est le démon de l'immanence pure, le prisonnier des apparences du monde, le martyr de la sensation de plus en plus décevante et méprisable — quand Tristan est le prisonnier d'un au-delà du jour et de la nuit, le martyr d'un *ravissement* qui se mue en joie pure à la mort.
> On peut noter encore ceci : Don Juan plaisante, rit très haut, provoque la mort lorsque le Commandeur lui tend la main, au dernier acte de Mozart, rachetant par cet ultime défi des lâchetés qui eussent déshonoré un véritable chevalier. Tristan, mélancolique et courageux, n'abdique au contraire son orgueil qu'à l'approche de la mort lumineuse.
> Je ne leur vois qu'un trait commun : tous deux ont l'épée à la main.

Quoi d'étonnant dès lors que l'on puisse établir une filiation entre Dom Juan et Sade.

> Je distingue dans la contradiction de Don Juan et de Tristan, dans la tension insupportable de l'esprit qui *vit* cette contradiction parce qu'il subit la sensualité et désire l'idéal courtois, les données de l'œuvre de Sade, et les raisons précises de sa révolte.

4.2. ALBERT CAMUS, *LE MYTHE DE SISYPHE*

◆ Pour Camus, comprendre Dom Juan, c'est d'abord accepter de le prendre comme un séducteur :

> Il est un séducteur ordinaire[7]. A cette différence près qu'il est conscient et c'est par là qu'il est absurde. Un séducteur devenu lucide ne changera pas pour autant. Séduire est son état. Il n'y a que dans les romans qu'on change d'état ou qu'on devient meilleur. Mais on peut dire qu'à la fois rien n'est changé et tout est transformé. Ce que Don Juan met en acte, c'est une éthique de la quantité, au contraire du saint qui tend vers la qualité. Ne pas croire au sens profond des choses, c'est le propre de l'homme absurde.

Que cela déjà, Dom Juan est un « homme absurde » :

> L'homme absurde est celui qui ne se sépare pas du temps. Don Juan ne pense pas à « collectionner » les femmes. Il en épuise le nombre et avec elles ses chances de vie.

Collectionner, c'est être capable de vivre de son passé. Mais lui refuse le regret, cette autre forme de l'espoir. Il ne sait pas regarder les portraits.

◆ Est-il égoïste ? se demande ensuite l'auteur.

Là encore, il y a plusieurs façons de se suicider, dont l'une est le don total et l'oubli de sa propre personne. Don Juan, autant qu'un autre, sait que cela peut être émouvant. Mais il est un des seuls à savoir que l'important n'est pas là. Il le sait aussi bien : ceux qu'un grand amour détourne de toute vie personnelle s'enrichissent peut-être, mais appauvrissent à coup sûr ceux que leur amour a choisis.

La passion serait desséchante :

Un seul sentiment, un seul être, un seul visage, mais tout est dévoré. C'est un autre amour qui ébranle Don Juan, et celui-là est libérateur. Il apporte avec lui tous les visages du monde et son frémissement vient de ce qu'il se connaît périssable. Don Juan a choisi d'être rien.

La réponse vient, une fois encore, par référence à la notion d'absurde :

L'homme absurde multiplie encore ici ce qu'il ne peut unifier. Ainsi découvre-t-il une nouvelle façon d'être qui le libère au moins autant qu'elle libère ceux qui l'approchent. Il n'y a d'amour généreux que celui qui se sait en même temps passager et singulier. Ce sont toutes ces morts et toutes ces renaissances qui font pour Don Juan la gerbe de sa vie. C'est la façon qu'il a de donner et de faire vivre. Je laisse à juger si l'on peut parler d'égoïsme.

◆ Le châtiment de Dom Juan : pourquoi s'acharne-t-on à le vouloir puni ?

Pour Don Juan, plus on rit de lui et plus sa figure s'accuse. Il refuse par là celle que les romantiques lui prêtèrent. Ce Don Juan torturé et pitoyable, personne ne veut en rire. On le plaint, le ciel lui-même le rachètera ? Mais ce n'est pas cela. Dans l'univers que Don Juan entrevoit, le ridicule *aussi* est compris. Il trouverait normal d'être châtié. C'est la règle du jeu. Et c'est justement sa générosité que d'avoir accepté toute la règle du jeu. Mais il sait qu'il a raison et qu'il ne peut s'agir de châtiment. Un destin n'est pas une punition.

C'est une fois encore le problème de la connaissance, le péché de curiosité qui sera retenu :

C'est cela son crime et comme l'on comprend que les hommes de l'éternel appellent sur lui le châtiment. Il atteint une science sans illusions qui nie tout ce qu'ils professent. Aimer et posséder, conquérir et épuiser, voilà sa façon de connaître.

(Il y a du sens dans ce mot favori de l'Écriture qui appelle « connaître » l'acte d'amour.) Il est leur pire ennemi dans la mesure où il les ignore.

Et Camus de conclure :

C'est de la mort seule qu'il a tiré une culpabilité maintenant légendaire.

◆ Quel est le châtiment exemplaire ? Et, d'abord, que représente le Commandeur ?

Que signifie d'autre ce commandeur de pierre, cette froide statue mise en branle pour punir le sang et le courage qui ont osé penser ? Tous les pouvoirs de la Raison éternelle, de l'ordre, de la morale universelle, toute la grandeur étrangère d'un Dieu accessible à la colère se résument en lui. Cette pierre gigantesque et sans âme symbolise seulement les puissances que pour toujours Don Juan a niées. Mais la mission du commandeur s'arrête là.

Camus propose une autre version qui lui paraît plus adaptée.

Non, ce n'est pas sous une main de pierre que Don Juan est mort. Je crois volontiers à la bravade légendaire, à ce rire insensé de l'homme sain provoquant un dieu qui n'existe pas. Mais je crois surtout que ce soir où Don Juan attendait chez Anna, le commandeur ne vint pas et que l'impie dut sentir, passé minuit, la terrible amertume de ceux qui ont eu raison. J'accepte plus volontiers encore le récit de sa vie qui le fait s'ensevelir, pour terminer, dans un couvent.

En voici la version :

Mais cela figure plutôt le logique aboutissement d'une vie tout entière pénétrée d'absurde, le farouche dénouement d'une existence tournée vers des joies sans lendemain. La jouissance s'achève ici en ascèse.

Le tragique naît ici d'une vision absurde :

Quelle image plus effrayante souhaiter : celle d'un homme que son corps trahit et qui, faute d'être mort à temps, consomme la comédie en attendant la fin, face à face avec ce dieu qu'il n'adore pas, le servant comme il a servi la vie, agenouillé devant le vide et les bras tendus vers un ciel sans éloquence qu'il sait aussi sans profondeur.

Et l'essai se termine sur cette évocation :

Je vois Don Juan dans une cellule de ces monastères espagnols perdus sur une colline. Et s'il regarde quelque chose, ce ne sont pas les fantômes des amours enfuies, mais, peut-être, par une meurtrière brûlante, quelque plaine silencieuse d'Espagne, terre magnifique et sans âme où il se reconnaît.

Oui, c'est sur cette image mélancolique et rayonnante qu'il faut s'arrêter. La fin dernière, attendue mais jamais souhaitée, la fin dernière est méprisable.

NOTES

1. Un traducteur de Tirso de Molina, P. Guenoun (1962), trouve plus exact de traduire *El Burlador* par *l'Abuseur;* **2.** La Guinée est, à l'époque, le seul continent noir connu. Cette image est suggérée à Catalinon par l'obscurité du lieu; **3.** Allusion à l'austérité de la Cour sous Philippe II, qui avait imposé des vêtements noirs et des étoffes de Flandre de couleur sombre; **4.** Allusion à la rapacité alors proverbiale de ce corps de métier; **5.** *Zest*, interjection marquant le dédain : je ne m'en soucie guère; **6.** *Carreau* : trait; **7.** Au sens plein et avec ses défauts. Une attitude saine comprend *aussi* des défauts.

JUGEMENTS SUR « DOM JUAN »

La chronique en vers de Loret est un excellent exemple de la publicité qui pouvait être faite à une pièce avant le spectacle; on peut supposer que Molière inspiré quelque peu cette annonce destinée à attirer les spectateurs.

L'effroyable *Festin de pierre*,
Si fameux par toute la terre,
Et qui réussissait si bien
Sur le théâtre italien,
Va commencer, l'autre semaine,
A paraître sur notre scène,
Pour contenter et ravir ceux
Qui ne seront point paresseux
De voir ce sujet admirable,
Et lequel est, dit-on, capable,
Par ses beaux discours de toucher
Les cœurs de bronze ou de rocher;
Car le rare esprit de *Molière*
L'a traité de telle manière,
Que les gens qui sont curieux
Du solide et beau sérieux,
S'il est vrai ce que l'on en conte,
Sans doute y trouveront leur compte;
Et touchant le style enjoué,
Plusieurs déjà m'ont avoué
Qu'il est fin, à son ordinaire,
Et d'un singulier caractère.
Les actrices et les acteurs,
Pour mieux charmer leurs auditeurs
Et plaire aux subtiles oreilles,
Y feront, dit-on, des merveilles.
C'est ce que nous viennent conter
Ceux qui les ont vus répéter.
Pour les changements de théâtre,
Dont le bourgeois est idolâtre,
Selon le discours qu'on en fait,
Feront un surprenant effet.

> Loret,
> dans la *Muse historique* (14 février 1665).

La violente attaque des dévots se reflète dans plusieurs libelles; il eût été maladroit et inutile de leur part de revenir sur le Tartuffe, dont ils avaient obtenu l'interdiction (1664); en revanche, ils attaquent de front Dom Juan,

en n'insistant pas sur la tartufferie de Dom Juan au cinquième acte, m
en essayant d'insinuer que Molière a fait de son héros le porte-parole de
propre incrédulité.

Le premier texte cache probablement, sous le pseudonyme de « Sieur
Rochemont », le publiciste Barbier d'Aucour (1641-1694), de tendances ja
sénistes, qui fut aussi un adversaire de Racine dans sa querelle contre s
anciens maîtres de Port-Royal.

Qui peut supporter la hardiesse d'un farceur qui fait plaisanterie
la religion, qui tient école du libertinage, et qui rend la majesté de Di
le jouet d'un maître et d'un valet de théâtre, d'un athée qui s'en rit,
d'un valet, plus impie que son maître, qui en fait rire les autres ?

Cette pièce a fait tant de bruit dans Paris, elle a causé un scandale
public, et tous les gens de bien en ont ressenti une si juste douleur, q
c'est trahir visiblement la cause de Dieu de se taire dans une occasic
où sa gloire est ouvertement attaquée, où la foi est exposée aux insul
d'un bouffon qui fait commerce de ses mystères et qui en prostitue
sainteté, où un athée, foudroyé en apparence, foudroie en effet et re
verse tous les fondements de la religion [...]

Il serait difficile d'ajouter quelque chose à tant de crimes dont sa piè
est remplie. C'est là que l'on peut dire que l'impiété et le libertinage
présentent, à tous moments, à l'imagination : une religieuse débauché
et dont l'on publie la prostitution ; un pauvre à qui l'on donne l'aumô
à condition de renier Dieu ; un libertin qui séduit autant de filles qu
en rencontre ; un enfant qui se moque de son père et qui souhaite sa mo
un impie qui raille le Ciel et qui se rit de ses foudres ; un athée qui réd
toute la foi à *deux et deux sont quatre*, et *quatre et quatre sont huit* ; un extr
vagant qui raisonne grotesquement de Dieu, et qui, par une chute affe
tée, *casse le nez à ses arguments* ; un valet infâme, fait au badinage
son maître, dont toute la créance aboutit au Moine bourru, *car pour*
que l'on croie le Moine bourru, tout va bien, le reste n'est que bagatell
un démon qui se mêle dans toutes les scènes et qui répand sur le théât
les plus noires fumées de l'Enfer ; et enfin un Molière, pire que tout cel
habillé en Sganarelle, qui se moque de Dieu et du Diable, qui joue
Ciel et l'Enfer, qui souffle le chaud et le froid, qui confond la vertu et
vice, qui croit et ne croit pas, qui pleure et qui rit, qui reprend et q
approuve, qui est censeur et athée, qui est hypocrite et libertin, qui e
homme et démon tout ensemble : *un diable incarné*, comme lui-mêm
se définit.

Observations... du Sieur de Rochemont (1665).

Y a-t-il une école d'athéisme plus ouverte que *le Festin de pierre*, o
après avoir fait dire toutes les impiétés les plus horribles à un athée q
a beaucoup d'esprit, l'auteur confie la cause de Dieu à un valet, à q
il fait dire, pour la soutenir, toutes les impertinences du monde ? Et
prétend justifier à la fin sa comédie si pleine de blasphèmes, à la fave
d'une fusée, qu'il fait le ministre ridicule de la vengeance divine ; mêm
pour mieux accompagner la forte impression d'horreur qu'un fo

roiement si fidèlement représenté doit faire dans les esprits des specta-
eurs, il fait dire en même temps au valet toutes les sottises imaginables
ur cette aventure.

Sentiments des Pères de l'Église sur la comédie et les spectacles,
par le prince de Conti (1666).

XVIIIᵉ SIÈCLE

*Peu de jugements au XVIIIᵉ siècle sur le Dom Juan de Molière, puisque
a pièce n'est jamais jouée (voir Notice, page 10).*

Molière s'élevant au comble de son art et au-dessus de lui-même,
ongeait à immoler les vices sur la scène, et commença par le plus odieux.
l avait déjà signalé sa haine pour l'hypocrisie : la chaire n'a rien de supé-
ieur à la peinture des faux dévots dans le *Festin de pierre* .

Chamfort,
Éloge de Molière (1769).

XIXᵉ SIÈCLE

*Le romantisme se passionne pour le personnage de Dom Juan; mais il le
ransforme profondément, en en faisant de plus en plus le symbole de la révolte
ontre tous les préjugés, sociaux et religieux. Cette métamorphose s'amorce
éjà dans le Don Giovanni de Mozart, livret de Da Ponte (1787), mais c'est
 Don Juan de Byron (1819) qui fait rentrer le personnage dans le domaine
e la littérature proprement dite; le héros de ce poème promène ses aventures
'Espagne en Russie pour revenir ensuite dans la puritaine Angleterre, dont
 brave toutes les idées reçues. Dans la littérature romantique française,
Don Juan de Mañara ou la Chute d'un ange, drame d'Alexandre Dumas
1836), et la nouvelle de Mérimée, les Ames du purgatoire ou les Deux
Don Juan (1834), témoignent de la vogue du personnage. Les deux extraits
uivants, de Musset et de Stendhal, montrent comment deux écrivains de
époque romantique définissent l'évolution du donjuanisme.*

Quant au roué français, au don Juan ordinaire,
Ivre, riche, joyeux, raillant l'homme de pierre,
Ne demandant partout qu'à trouver le vin bon,
Bernant monsieur Dimanche, et disant à son père
Qu'il serait mieux assis pour lui faire un sermon,
C'est l'ombre d'un roué qui ne vaut pas Valmont.

A. de Musset,
Namouna (1832).

Le don Juan de Molière est galant sans doute, mais avant tout il es
homme de bonne compagnie; avant de se livrer au penchant irrésistibl
qui l'entraîne vers les jolies femmes, il tient à se conformer à un certai
modèle idéal, il veut être l'homme qui serait souverainement admir
à la cour d'un jeune roi galant et spirituel.

Le don Juan de Mozart est déjà plus près de la nature, et moins fran
çais, il pense moins à l'*opinion des autres;* il ne songe pas, avant tout
à *parestre,* comme dit le baron Fæneste, de d'Aubigné. [...]

Pour que le don Juan soit possible, il faut qu'il y ait de l'hypocrisi
dans le monde. Le don Juan eût été un effet sans cause dans l'antiquité
la religion était une fête, elle exhortait les hommes au plaisir, commen
aurait-elle flétri des êtres qui faisaient d'un certain plaisir leur uniqu
affaire? [...]

Je ne pense pas que le don Juan athénien pût arriver jusqu'au crime
aussi rapidement que le don Juan des monarchies modernes; une grand
partie du plaisir de celui-ci consiste à braver l'opinion, et il a débuté
dans sa jeunesse, par s'imaginer qu'il bravait seulement l'hypocrisie. [...

C'est à la religion chrétienne que j'attribue la possibilité du rôle sata
nique de don Juan.

Stendhal,
les Cenci (1837).

Quant à Baudelaire, dans le poème « Don Juan aux enfers » (publié d'abord
dans l'Artiste en 1846), il prête à son héros la sérénité dans la mort, preuve
de sa victoire sur les hommes et sur Dieu.

Sganarelle en riant lui réclamait ses gages,
Tandis que Don Luis avec un doigt tremblant
Montrait à tous les morts errant sur les rivages
Le fils audacieux qui railla son front blanc.

Frissonnant sous son deuil, la chaste et maigre Elvire,
Près de l'époux perfide et qui fut son amant,
Semblait lui réclamer un suprême sourire
Où brillât la douceur de son premier serment.

Tout droit dans son armure, un grand homme de pierre
Se tenait à la barre et coupait le flot noir,
Mais le calme héros, courbé sur sa rapière,
Regardait le sillage et ne daignait rien voir.

Baudelaire,
les Fleurs du mal (1857).

Michelet, entraîné par son imagination, suppose Molière mêlé à toutes
les intrigues de cour, et il lui prête une intention trop subtile : faire un
Dom Juan assez équivoque pour que les courtisans l'admirent et en même
temps susciter l'irritation de Louis XIV contre les grands seigneurs libertins,
comme Vardes, emprisonné quelques semaines après la représentation de
Dom Juan.

Molière se fit demander par sa troupe de faire un *Don Juan* français. Hardi de ce prétexte, il intervint dans l'intrigue de cour, et porta aux marquis le coup décisif et terrible [...]

La pièce ne fut pas bien reçue. Le public fut de glace. Molière persévéra, la joua quinze fois, quinze fois de suite la fit subir aux courtisans [...] Molière, mieux qu'eux tous, vit la pensée du maître. Le 15 février, il joua ce qui dut se faire au 30 mars [...]

La cour, contre Molière, admira don Juan, le trouva parfait gentilhomme. Il ment, il trompe, désespère celles qui l'aiment. A merveille; les larmes, c'est l'aveu du succès. Il bat celui qui lui sauve la vie [...] Mais c'est un paysan, on rit. Il est brave, c'est l'essentiel, cela rachète tout. Brave contre l'enfer même, et l'enfer a beau l'engloutir, il n'est pas humilié.

Donc, nul effet moral. Molière semblait manquer son coup. Il n'avait pas osé dégrader don Juan. Le roi même ne l'eût pas goûté [...] Molière, frappant moins fort, alla bien mieux au but. L'intérêt que la cour montra pour don Juan ne pouvait qu'irriter le roi, et sa justice n'en fut que plus sévère.

Le 30 mars, la main du Commandeur, cette main de pierre qui avait muré, scellé Fouquet dans le tombeau, serra Vardes, l'enleva à deux cents lieues, le plongea au plus bas cachot d'une citadelle.

> Michelet,
> *Histoire de France* (t. XII).

Avec Sainte-Beuve, on revient à la critique directe du texte de Molière; mais, ce qui est frappant, c'est que ce jugement et les suivants n'isolent jamais le Dom Juan de Molière des personnages qui constituent sa postérité ou des philosophies à la lumière desquelles il a pris une nouvelle signification aux yeux des générations successives.

Le don Juan de Molière [...] est autant un impie qu'un libertin; il y a un fonds de méchanceté en lui, comme aussi chez Lovelace ou chez le Valmont de Laclos. Il existe dans ces caractères, avec des nuances diverses, une base d'orgueil infernal qui se complique de recherche sensuelle, une férocité d'amour-propre, de vanité, et une sécheresse de cœur jointes au raffinement des désirs, et c'est ainsi qu'ils en viennent vite à introduire la méchanceté, la cruauté même et une scélératesse criminelle, jusque dans le plus doux des penchants, dans la plus tendre des faiblesses. Exécrable race, la plus odieuse et la plus perverse!

> Sainte-Beuve,
> *Nouveaux Lundis* (t. VII, lundi 2 mai 1864).

Don Juan est une œuvre extraordinaire, unique dans le théâtre de Molière et dans tout notre théâtre classique. Cette tragi-comédie fantastique et bouffonne est une macédoine incroyable de tous les genres; elle est étrange, elle est bizarre, elle est hybride, elle est obscure en diable. Avec cela il n'est guère de pièce ni plus intéressante d'un bout à l'autre, ni plus émouvante par endroits, ni plus amusante. Surtout il n'en est guère de plus suggestive [...]

Don Juan est un faiseur d'expériences. Le monde lui est un spectacle autant qu'une proie. Il prend moins de plaisir à faire choir les femmes qu'à voir comment elles tombent, et à dominer les hommes qu'à les manier et à les mépriser. Bref, vous trouverez chez don Juan, à un haut degré, ce qu'on a appelé, depuis, le « dilettantisme », et vous le trouverez mêlé à un sentiment qui n'a été, lui non plus, complètement exprimé que de nos jours : l'amour artistique du mal, qui n'est qu'un raffinement d'orgueil, la forme la plus savante de l'instinct de révolte. Il me semble que c'est ce dilettantisme et ce goût raisonné du péché qui maintient, à travers ses métamorphoses, l'unité du don Juan de Molière, de ce personnage si complexe et si riche que, non seulement Lovelace et Valmont, non seulement le don Juan de Byron et celui de Musset, mais encore de Marsay, M. de Camors et le duc de Mora paraissent en être sortis.

Jules Lemaitre,
Impressions de théâtre (I, 57, 66-67) [1888].

XXᵉ SIÈCLE

Pièce bizarre, incohérente, obscure et pourtant des plus intéressantes. Sans parler du merveilleux, dont nous connaissons la source espagnole et religieuse, c'est un singulier mélange de farce, de comédie légère et de grande et noble comédie. Si cette pièce n'a pas d'unité de lieu, ni de temps, ni d'action, ni de genre, c'est qu'elle est chargée d'imitations, c'est que Molière a été influencé par tout ce qui a été fait antérieurement sur le même sujet [...] Ce qui complique encore le mélange, c'est que, à ces imitations, Molière ajoute ses observations, ses rancunes et ses haines [...] Ce Don Juan débauché et athée, ses prédécesseurs l'avaient transmis à Molière. Le poète lui ajoute un troisième caractère : il en fait un hypocrite. Pourquoi? Simplement par vengeance de la cabale qui arrêtait *Tartuffe*.

[...] Si l'amour, comme disent les psycho-physiologues, est la spécialisation de l'instinct sexuel, l'éparpillement de cet instinct est le contraire de l'amour. L'homme à femmes, à beaucoup de femmes, à trop de femmes, à toutes les femmes, n'est pas un amant [...] Il peut avoir des sens étonnants, et même un cerveau, mais il n'a pas de cœur; il n'est pas un amant. C'est un artiste, un dilettante, mais le dilettantisme est stérile. Il a trop de fatuité pour être intelligent [...] Débarrassé de la légende, de la tradition, du romantisme, de la littérature, qu'est-ce que Don Juan? Qu'il soit athée, cela ne le singularise guère aujourd'hui, mais qu'il soit impie à la souffrance des autres, c'est plus grave [...] Cet orgueilleux, cet égoïste forcené, ce méchant passionné, il a beau se réclamer de Nietzsche — qu'il n'a pas compris d'ailleurs —, le voilà qui entre dans le domaine de la pathologie; c'est le marquis de Priola, c'est un candidat à la paralysie générale.

Maurice Donnay,
Molière (1911).

Le don-juanisme, espèce de sadisme moral où la volupté, l'orgueil, la corruption, la cruauté et je ne sais quelle déviation morbide du sentiment esthétique se mêlent étrangement [...]

Ce qu'il faut chercher dans *Dom Juan*, ce n'est ni la philosophie audacieuse d'un révolté, ni l'apologie des croyances populaires, ni même une réfutation voulue de l'incrédulité et de la superstition tout ensemble : c'est tout simplement une analyse de caractères vrais, une peinture d'âmes vivantes.

Gustave Michaut,
les Luttes de Molière (1925).

La vocation de Don Juan est de reprendre pour son compte, c'est-à-dire pour le compte de l'homme, du courage humain et de la fragilité humaine, la lutte de l'Ange rebelle. Les mots d'athéisme, d'irréligion, ici, nous égareraient. Don Juan ne nie pas Dieu, puisqu'il le combat; si Dieu n'existe pas, la bravade de Don Juan s'effondre dans le vide, et Don Juan a joué en vain la carte de l'Enfer, comme le bon chrétien a joué en vain la carte du salut. Il peut se faire que Don Juan dise que Dieu n'existe pas; mais il le dit pour offenser Dieu. Il faut que le Commandeur soit au rendez-vous parce qu'il faut que Don Juan soit puni, parce qu'il a fait de son existence terrestre le plus prémédité des défis à la damnation, parce qu'il est l'homme qui apparaît au cœur d'une grande société chrétienne, tout entière agenouillée, pour se lever audacieusement et dire : « Et s'il me plaît, à moi, d'être damné? »

Thierry Maulnier,
« le Don Juan de Molière et le nôtre », dans *le Figaro littéraire* (1947).

Tandis que Dorimond et Villiers avaient rendu au *Festin de pierre* cette signification sérieuse que les Italiens lui avaient enlevée, Molière revient très délibérément à la comédie [...]

Dom Juan est donc une tragi-comédie transformée en une sorte de farce. Elle se situera aussi loin des œuvres sérieuses de Dorimond et de Villiers que de la comédie des Italiens. C'est ce caractère complexe, c'est cette fusion originale de deux plans, cette transposition farcesque d'une pièce fantastique et romanesque, qui font le mystère de l'œuvre, son caractère énigmatique, inquiétant, génial.

Antoine Adam,
Histoire de la littérature française au XVIIe siècle
(t. III) [1952].

Molière a épinglé l'animal-homme comme un insecte et, avec une pince délicate, il fait jouer ses réflexes. Et l'insecte-homme n'en a qu'un, toujours le même, qui fait tressaillir sa maigre patte au moindre attouchement : celui de l'égoïsme. [...] Seul peut-être le plus horrible d'entre eux, dont nous n'avons pas envie de rire, et qui rejoint la grandeur shakespearienne, seul Dom Juan, échappé un jour à Molière dans la hâte d'une improvisation, et aussitôt retiré de l'affiche, est presque innocent et sympathique. Son cas à lui relève de Dieu.

Jean Anouilh,
Texte écrit pour la célébration, à la Comédie-Française,
de l'anniversaire de la mort de Molière
(14 janvier 1959).

Avec une audace stupéfiante, Molière s'en prend à la noblesse dépravée, si certaine de son impunité qu'elle en vient à défier Dieu lui-même. Dans une succession de sketches empruntés à la tradition, il établit insensiblement la montée de l'inconscience chez un être qui se croit libre de son destin et dont chaque démarche accuse la dégradation. La fourberie à l'égard des femmes n'est, en somme, que péché véniel, mais elle entraîne un endurcissement du cœur, un mépris de la parole donnée, une outre-cuidance qui font de Dom Juan un traître, un imposteur cynique, un fils dénaturé, un blasphémateur. Mais, chose curieuse, et qui montre à quel point Molière entend rester fidèle à sa dénonciation du *Tartuffe,* le point suprême de sa corruption morale, c'est quand il feint la dévotion : alors enfin le Dieu vengeur se manifeste.

Pierre-Aimé Touchard,
dans la *Littérature* dirigée par A. Adam,
G. Lerminier, E. Morot-Sir (1967).

Phot. Larousse.

DUGAZON (1746-1809), UN DES MEILLEURS ACTEURS
COMIQUES DE LA FIN DU XVIIIe SIÈCLE,
DANS LE RÔLE DE SGANARELLE

D'après *les Costumes* de Martinet. Bibliothèque de l'Arsenal.
Fonds Rondel.

SUJETS DE DEVOIRS ET D'EXPOSÉS

NARRATIONS

● Vous peindrez le naufrage de Dom Juan, vous raconterez son sauvetage, son arrivée dans la maison de Pierrot, sa rencontre avec Mathurine.

● M. Dimanche, après sa visite à Dom Juan, retourne chez lui. Il y retrouve sa fille Claudine, son fils Colin, son petit chien Brusquet. Il y raconte à Mme Dimanche, son épouse, l'entrevue qu'il vient d'avoir avec ses deux débiteurs.

LETTRES OU DIALOGUES

● Vous imaginerez toute l'histoire de Done Elvire et de Dom Juan, de laquelle Molière nous donne seulement le dénouement, et vous la raconterez sous l'une des quatre formes suivantes :

1° Lettre d'Elvire à son frère Dom Carlos, après son premier entretien avec Dom Juan : elle lui fait confidence du passé; elle lui demande d'être son vengeur;

2° Lettre d'Elvire, après son dernier entretien avec Dom Juan, à la supérieure du couvent qu'elle a quitté pour le suivre. Elle lui confesse ses fautes, elle la prie de l'accueillir à nouveau, et pour jamais;

3° Lettre de Dom Juan à un libertin de ses amis, après sa dernière entrevue avec Elvire. Il lui conte, du début au dénouement, toute l'aventure;

4° Sganarelle raconte à un valet de ses amis les amours de Done Elvire et de son maître.

● Après que Dom Juan a mystérieusement quitté le pays, Charlotte, surprise et inquiète, s'en vient trouver sa tante, lui conte la merveilleuse rencontre du grand seigneur, lui demande conseil. Vous ferez le dialogue des deux paysannes.

DISSERTATIONS ET EXPOSÉS

● *Dom Juan* est la première grande pièce de Molière écrite en prose. Que pensez-vous de cette innovation, pour le théâtre de Molière en particulier, pour la comédie en général ?

● Etudiez, dans le *Dom Juan* de Molière, la part de la comédie et la part du drame. Croyez-vous tout à fait nouveau ce mélange du comique et du tragique ? Vous paraît-il heureux ?

● Comparez le Dom Juan de Molière et le Don Juan romantique, tel
e l'a peint Musset dans *Namouna* (chant II, strophes XXIV à LV).

● Si différent des autres personnages de Molière que paraisse Dom
an, ne découvre-t-on pas, à l'analyse, une certaine communauté de
nception dans la façon dont Molière crée ses personnages et leur
ractère ?

● Comparez ces deux types de séducteurs, le Dom Juan de Molière
le Valmont de Laclos dans *les Liaisons dangereuses*. Marquez, en même
mps que les différences des deux hommes, celles des deux siècles.

● Etudiez le caractère de Done Elvire.

● L'acte des paysans (II) : montrez comment, s'il en a trouvé l'idée
ez ses devanciers, Molière a tiré de cette idée un tout autre parti,
ssi bien pour la peinture de son héros que pour celle des mœurs rus-
ues.

● Le caractère de Sganarelle; par quels traits se distingue-t-il entre
us les valets de Molière ?

● Etudiez les attaques de Molière contre les médecins, dont la pre-
ère est au troisième acte de *Dom Juan*. Comment expliquez-vous que
olière, de 1665 à sa mort, ait si opiniâtrement poursuivi de ses raille-
s les mêmes hommes ? Voyait-il seulement dans la médecine un thème
isant, et qui agréait à la foule ? Ou bien y a-t-il des raisons plus pro-
des à une hostilité aussi acharnée ?

● Croyez-vous que Molière ait voulu peindre sa propre pensée en
sant de Dom Juan un « libertin »? En d'autres termes, quelles vous
raissent être les intentions philosophiques de la pièce ?

● Etudiez dans la pièce de *Dom Juan* le merveilleux.

● Un père irrité, un fils insolent, c'est une situation qui se retrouve
sieurs fois dans le théâtre de Molière. Est-il le premier à avoir eu
lée de cette situation ? Dans quelles pièces de lui la retrouvez-vous ?
r quels traits l'entrevue de Dom Louis et de Dom Juan se distingue-t-elle
utres scènes analogues ?

● Etudiez l'hypocrisie de Dom Juan.

TABLE DES MATIÈRES

Pag

Résumé chronologique de la vie de Molière . . . .

Molière et son temps . . . .

Bibliographie sommaire . . . .

Notice sur *Dom Juan* . . . .

Premier acte . . . .

Deuxième acte . . . .

Troisième acte . . . .

Quatrième acte . . . .

Cinquième acte . . . .

Documentation thématique . . . .

Jugements sur *Dom Juan* . . . .

Sujets de devoirs et d'exposés . . . .

Imprimerie Hérissey. — Évreux - 27000.
Juillet 1971. — Dépôt légal 1971-3ᵉ. — Nᵒ 17986. — Nᵒ de série Éditeur 7564.
imprimé en france (*Printed in France*). — 34 659- U-4-76.